《鄂尔多斯风采》丛书

强旗富民准格尔

杨凤林　编著

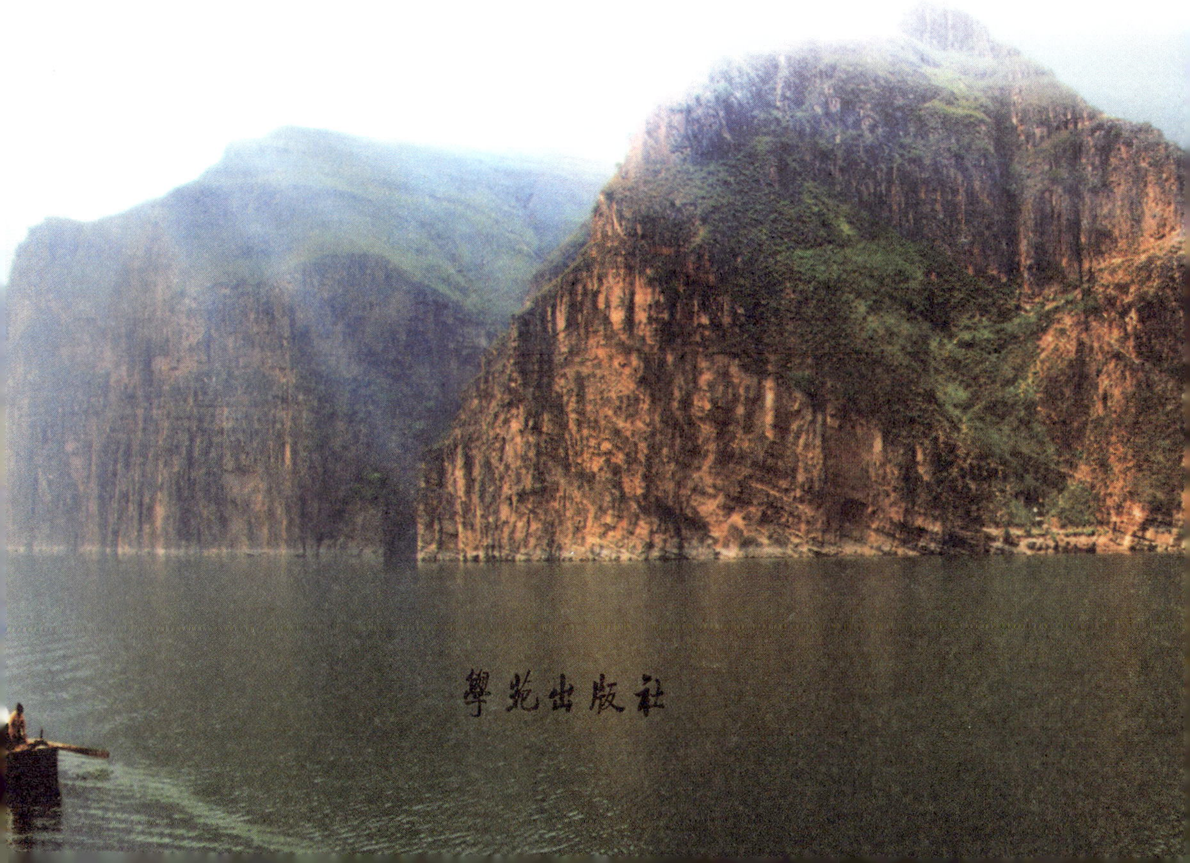

学苑出版社

图书在版编目（CIP）数据

　　强旗富民准格尔／杨凤林编著. -- 北京：学苑出版社，2021.2
　　ISBN 978-7-5077-6170-2

　　Ⅰ. ①强… Ⅱ. ①杨… Ⅲ. ①社会主义建设成就－准格尔旗 Ⅳ. ①D619.264

　　中国版本图书馆 CIP 数据核字（2021）第 074600 号

责任编辑：战葆红
出版发行：学苑出版社
社　　　址：北京市丰台区南方庄 2 号院 1 号楼
邮政编码：100079
网　　　址：www.book001.com
电子信箱：xueyuanpress@163.com
联系电话：010-67601101（销售部）67603091（总编室）
印　刷　厂：内蒙古掌印文化科技有限公司
开本尺寸：710×1000　1/16
印　　　张：15.75
字　　　数：195 千字
版　　　次：2021 年 2 月第 1 版
印　　　次：2021 年 2 月第 1 次印刷
定　　　价：118.00 元

丛书编委会

顾　问：奇·朝鲁
主　编：奇海林　　杨　勇　　杨凤林
编　委：甄自明　　乌宁夫　　韩云鹏
　　　　翟　媛　　白　梅　　王颖超
　　　　马海东　　甘宜汴

编委会

主　　任：王　源　　鲁占清　　奇海林　　杨　勇
主　　编：杨凤林
副 主 编：韩瑞君　　韦国艳
编　　委：王湛清　　杨玉铭　　王建中　　韩来福
　　　　　韩瑞君　　苏永清　　王春霞　　李月琴
　　　　　翟　媛　　龚萨日娜　韦国艳　　刘　陶
编辑校对：韩来福　　韩瑞君

总序

鄂尔多斯市原名伊克昭盟,"伊克昭"汉意为"大庙",伊克昭盟由清朝鄂尔多斯6个旗在达拉特旗王爱召会盟而得名。成吉思汗去世后,窝阔台汗为纪念圣祖,在哈拉和林建立纪念宫帐,祭祀成吉思汗的遗物,故为鄂尔多斯("鄂尔多斯"汉语意为"众多的宫殿")。

鄂尔多斯拥有丰富的自然资源,各类矿藏50多种,其中煤炭已探明储量约占全国的六分之一,天然气探明储量约占全国的三分之一,还有大量的石油、铁矿、铜矿、锌矿、天然碱……不仅如此,鄂尔多斯还有着丰富的动植物资源,正是这得天独厚的资源优势才助力了鄂尔多斯的经济强势发展。

如今的鄂尔多斯,最受人关注的莫过于它的经济发展。曾连续15年经济增速位列全内蒙古第一,是内蒙古当之无愧的经济强市。鄂尔多斯还是国家森林城市、全国文明城市、中国优秀旅游城市、全国最具创新力城市、全国生态园林城市、排名中国城市综合实力50强、位列全国安全城市第19名、全国首批资源综合利用"双百工程"示范基地……

2019年,是中华人民共和国成立70周年。

习近平总书记在庆祝中华人民共和国成立70周年大会上深刻指

出:"中国的昨天已经写在人类的史册上,中国的今天正在亿万人民手中创造,中国的明天必将更加美好。"[1]对中国人民和中华民族来讲,新中国70年是沧桑巨变、换了人间的70年。中华人民共和国70年的历史,一篇篇、一字字都写在了中华民族的史册上,写在了人类的史册上。一切伟大成就都是持续奋斗的结果,一切伟大事业都需要在继往开来中推进。习近平总书记用"昨天""今天""明天"充分展示了历史的延续性,也郑重发出了书写更新更美时代篇章的号召。

习近平总书记深刻指出:"新中国建立这一伟大事件,彻底改变了近代以后100多年中国积贫积弱、受人欺凌的悲惨命运,中华民族走上了实现伟大复兴的壮阔道路。中华人民共和国的成立,是中华民族复兴之路上的一个里程碑,开创了中华民族历史发展的新纪元,宣告中华民族在自己的历史征程上迈开了新的步伐、掀开了新的篇章。那么,中华人民共和国70年又在人类史册上书写了什么呢?习近平总书记集中概括了这样三个方面伟大奇迹:70年来,在中国共产党坚强领导下,中国人民勇于探索、不断实践,成功开辟了中国特色社会主义道路,推动中国特色社会主义进入新时代,中国大踏步赶上了时代,中国人民意气风发走在了时代前列;70年来,中国人民发愤图强、艰苦创业,创造了'当惊世界殊'的发展成就,千百年来困扰中华民族的绝对贫困问题即将历史性地画上句号,书写了人类发展史上的伟大传奇;70年来,中国人民奉行独立自主的和平外交政策,坚持和平发展道路,坚持在和平共处五项原则基础上发展同各国的友好合作,为推动构建人类命运共同体、推动人类和平与发展的崇高事业作出了重大贡献!"[2]中华人民共和国成立70年来,写在人类史册上的最有价值、最具标志性意义的就是这三个方面,它们最为闪光、最为难忘,是对新中国昨天的总体概括。

---

[1][2]《人民日报》2019年10月1日第1版。

70年在人类历史长河中只是弹指一挥间,但对中国人民和中华民族来讲,这是沧桑巨变、换了人间的70年。中华民族迎来了从站起来、富起来到强起来的伟大飞跃,迎来了实现伟大复兴的光明前景。对此,每个中华儿女都感到无比自豪!

历史经验值得总结,应该提炼,应当升华。习近平总书记指出:"一切向前走,都不能忘记走过的路;走得再远、走到再辉煌的未来,也不能忘记走过的过去,不能忘记为什么出发。面对未来,面对挑战,全党同志一定要不忘初心、继续前进。"[1]为此,在庆祝中华人民共和国成立70周年之际,鄂尔多斯学研究会组织全市专家学者,编写一套关于反映鄂尔多斯各族人民群众在党的领导下70年砥砺前行的丛书,旨在总结鄂尔多斯70年奋斗历程、取得的巨大成就和丰富经验,研究新时期少数民族地区资源型城市探索生态优先、绿色高质量发展的新机遇、新挑战、新思路,进一步增强开拓前进的智慧和力量。

本丛书在编写过程中注重坚持几个方面的要求:一是留史育人。尽可能生动地描述鄂尔多斯70年来波澜壮阔的历史进程,为建设探索与改革开放、走进新时代临摹画像,为英雄劳模留名,为人民群众存史,用担当和奋斗的史实激励各族儿女,增进并凝聚决胜全面小康社会、进而推动中国特色社会主义现代化进程的共识和力量。二是用史资政。通过深入细致挖掘鄂尔多斯70年历史进程中蕴藏的丰富经验和政治智慧,寻找对未来发展的重要启示,充分发挥好历史的借鉴作用。三是形式多样。70年来,各旗区发展不平衡,发展水平有快有慢,发展速度跌宕起伏,丛书力求生动活泼、趣味易懂,较为翔实地记述鄂尔多斯和9个旗区在70年间的发展历程,展示各领域、各层次的巨大变化,做到政治导向正确,资料翔实准确,表达朴素严谨,图文并茂。

---

[1]《人民日报》2016年7月2日第2版。

回顾鄂尔多斯的昨天,面对鄂尔多斯的今天,我们相信,鄂尔多斯的明天必将更加美好。这是因为,经过整整70年的发展,我们已经积累了比较坚实的物质基础,取得了比较丰富的发展经验。特别是改革开放以来,我国开辟了中国特色社会主义道路,形成了中国特色社会主义理论体系,确立了中国特色社会主义制度,发展了中国特色社会主义文化。正如习近平总书记强调:"今天,社会主义中国巍然屹立在世界东方,没有任何力量能够撼动我们伟大祖国的地位,没有任何力量能够阻挡中国人民和中华民族的前进步伐。"[1]

当年,以毛泽东为代表的中国共产党人曾经把中国革命的胜利比作万里长征走完了第一步。1949年以来,中华人民共和国的政治、经济与社会建设,依然是一次漫长而艰难的长征。我们要清醒地认识到自己"在路上"。中国的发展和进步"在路上",中国共产党的建设和发展也"在路上"。

在路上,就要继续前进,继续创造更好的明天。在鄂尔多斯人面前,机遇与挑战永远会伴随着成功与挫折。正如习近平总书记提醒全党同志"船到水中浪更急,行到半路山更陡"。走向明天的道路绝不会一帆风顺,我们必须面对现实、面向未来,认真思考如何更好地走向明天。习近平总书记强调:"功成名就时做到居安思危、保持创业初期那种励精图治的精神状态不容易,执掌政权后做到节俭内敛、敬终如始不容易,承平时期严以治吏、防腐戒奢不容易,重大变革关头顺乎潮流、顺应民心不容易。"[2]这是对全党的警示,更加鼓舞200多万鄂尔多斯各族民众奋斗美好新生活。

始创于2002年9月16日的鄂尔多斯学研究会,立足鄂尔多斯,以

---

[1]《人民日报》2019年10月1日第1版。
[2]《人民日报》2016年7月2日第2版。

研究鄂尔多斯的昨天今天明天为己任,多年来成绩斐然,深受各界好评。鄂尔多斯学因时代而立,因探索而兴,因文化而盛。首任会长奇·朝鲁先生在座谈会上,特别赞同云照光老前辈倡导的"鄂尔多斯学研究会应当在中华人民共和国成立70周年之际,推出一套《鄂尔多斯风采》丛书之号召"。正是因为有两位老前辈的鼓励和支持,我们这些后来者才能勇敢担当,组织和动员,一批热爱鄂尔多斯、献身鄂尔多斯、研究鄂尔多斯的各路专家学者,陆续编写完成了这套弥补空白的方志性丛书。

中华人民共和国成立70周年是历史的又一个新起点。我们一定要更加紧密地团结在以习近平同志为核心的党中央周围,不忘初心,牢记使命,砥砺前行,发扬"吃苦耐劳、一往无前,不达目的决不罢休"的蒙古马精神,像习近平总书记要求的那样,"继续把我们的人民共和国巩固好、发展好"。继续为实现"两个一百年"奋斗目标,为建设亮丽内蒙古、共圆伟大中国梦而努力奋斗。

编委会
2019年9月27日

序言

准格尔是蒙古语"东方"和"左首"的意思。准格尔旗(简称"准旗")位于鄂尔多斯高原东部,地处蒙、晋、陕三省交界处,素有"高原煤海,西部明珠"之美誉。

中华人民共和国成立以来,准格尔旗各族人民群众在党中央、内蒙古自治区党委、伊克昭盟党委、鄂尔多斯市委、准格尔旗党委的领导下,发挥全旗人民的凝聚力、创造力和建设社会主义的积极性、创造性,一步一步构建宏伟蓝图,一年一年艰苦奋斗,顽强地改变了落后贫穷的旧貌。

1954年,地方国营伊克昭盟硫磺厂在榆树湾地区建成,1958年到1980年,准格尔旗开展"地方工业建设计划",建设和发展了一批中小型企业,如准格尔旗水泥厂、榆树湾硫磺厂(前身为地方国营伊克昭盟硫磺厂)和榆树湾电厂、黄天棉图陶瓷厂、纳林沟煤矿、五素沟煤矿、准格尔旗化肥厂等;在准格尔旗籍的老领导千奋勇、黄凤岐、夏日等人的积极推动下,1986年,国家批准准格尔煤炭工业公司在准格尔旗东部建设,准格尔旗迎来了千载难逢的发展机会。准格尔项目一期工程是国家"八五"期间重点建设项目,是集煤炭开采、坑口发电、铁路运输为一体的特大型项目。项目于1990年开工建设,1996年投入试生产,1999年正式投入生产,累计投资93亿元。项目主要单项工程有年产原煤1200万吨的黑岱沟露天煤矿及其配套的选煤厂;2×10万千瓦机组的坑口电厂;正线全长264千米的大(同)—准(格尔)电气化铁路;取水能力为$1.5m^3/s$、供水能力$1.2m^3/s$的黄河小沙湾取水工程以及相应的辅助配套工程。主要生产及辅助工程设备从美、德、英等国引进,具有20世纪90年代初的世界先进水平。国家能源集团公司准格尔能源工业公司和华北、华东、华南等多家电力、燃料公司建立了稳定的供求合作关系。坑口电厂年发电量10亿~11亿千瓦时。准格尔能源工业公司(以下简称"准能公司")作为能源企业,拥有先进的生产工艺和一流的技术装备,拥有一大批工程技术人员和较高素质的技术工人队伍,公司注册资本71.14亿元,有员工8255人。股东为中国神华能源股份公司和中国信达资产管理公司,2019年总资产119亿元,是内蒙古地区最大的综合性能源企业,也是中国神华能源股份有限公司的核心企业之一。

准格尔能源公司的组建和运行推动了准格尔旗的发展建设,在本旗建设的准能公司等国家级大型企业给准格尔旗的发展插上了腾飞的翅膀。准格尔能源工业公司从1986年到1996年安置了几千名本地居民就业,极大地改变了很多群众、很多家庭的命运。回顾准格尔旗的发展史,我们感恩党中央、国务院和内蒙古党委、鄂尔多斯市党委对准格尔旗人民的大力支持。我们感恩老祖宗给我们留下的7000平方千米的"金山银山"和绿水青山。

从1995年,伊克昭盟煤炭公司羊市塔乡纳林庙煤矿和内蒙古汇能煤电集团公司川掌煤矿等100多座煤矿开采运行到现在,年产量3亿多吨的煤炭工业一直是准格尔旗的支柱产业,成为准格尔旗的主要税源和财政支柱。

2000年以来,本地陆续建成的准格尔经济技术开发区、大路煤化工基地构建起了煤炭、煤化工、煤电铝、陶瓷四大产业基地。它们成为准格尔旗今后发展的主要方向和主要税源。

以准格尔煤田开发建设为代表的煤炭工业给准旗带来的红利是长期的,国家能源集团公司准格尔能源公司的建设极大地促进了地方经济的迅猛发展。准格尔旗90%的财政收入来自煤炭开采矿区;煤炭工业发展的同时也带动了地方小城镇的建设,薛家湾镇、沙圪堵镇、大路新区、龙口镇、准格尔召镇、柴登镇发展成为功能齐全的现代化中小城镇,准格尔旗成功入选2018年度全国新型城镇化百强县市。

从1949年到2019年,在中国共产党领导下,准格尔旗走过了70年的发展道路,回顾这70年的发展史,不禁让人感慨万千、思绪激荡;准格尔旗的发展前程远大,人民的事业充满希望,让我们全体36万准格尔旗人民在以习近平同志为核心的党中央坚强领导下,锐意进取,积极工作,为推动准格尔绿色发展战略,为构建准格尔旗更加美丽富裕平安多彩的明天而奋斗。

杨凤林

2019年11月8日

旧时黄河准格尔"搬船汉"

中华人民共和国成立之初马栅乡黄河渡口

获得新生的老乡送子读书

供销社里买卖布匹

赤脚医生走村串户

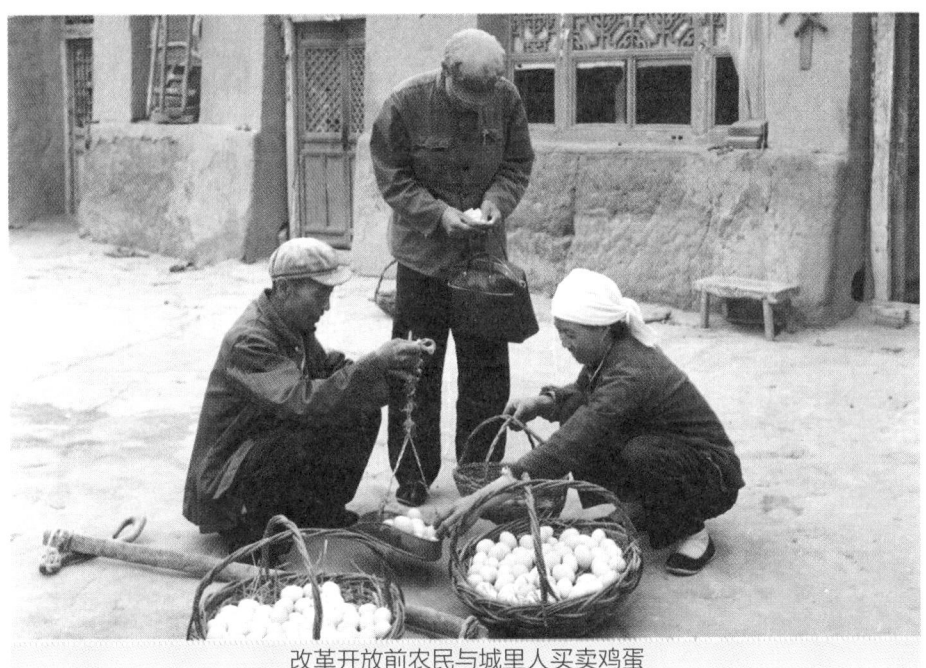

改革开放前农民与城里人买卖鸡蛋

改革开放前老乡赶集

准格尔旗榆树湾小学篮球队

榆树湾矿篮球队

柴登小学师生

纳林地毯厂女工

准格尔旗老百姓四世同堂合影留念

坐落于沙圪堵镇的烈士纪念塔和政府礼堂

1977年,准格尔旗人民医院

1981年,心花怒放的新骑手

在准格尔旗境内的茶马古路

准格尔旗龙口镇境内红砂岩地貌

准格尔砒砂岩景观

黄河流经准格尔

准格尔黄河湾

娘娘滩与太子滩

太子滩近景

黄河之滨小公社

绿富同兴的准格尔乡村

建设中的大路新区

大路新区全景

强旗富民准格尔

今日龙口镇

草原新城薛家湾

准格尔露天煤矿

黑岱沟露天煤矿剥离建矿现场

露天矿生产场面

井工矿生产场面

煤制气生产线

伊泰煤制油生产线

鄂尔多斯大路煤化工基地工业园夜景

万家寨水电站航拍

坑口电厂

动车途经准格尔旗

清水河县——准格尔旗黄河公路大桥

准格尔旗旗委、政府办公大楼

煤海明珠观光塔

生力国际饭店

美稷公园

黑圪涝湾神泉沙漠景观旅游区

油松王旅游区

布尔陶亥王爷府院落

王爷府一角

敖包

长滩村的铁索吊桥

长滩村旅游"新景"——玻璃桥

长滩村商贸街一角

长滩村史馆

教育博物馆

台子梁遗址

明、清寓式民居

沙圪堵供销社旧址

榆树湾硫磺厂旧址

塔拉沟老乡家旧院落

长滩村老乡家

曾经的粗放经营

准格尔农田社景

十里长滩花海飘香

巴润哈岱人工松树林

准格尔旗杏花

鄂尔多斯市花(马兰花,俗称马莲)

长滩村三百年古榆树

准格尔山羊

纳林地毯厂生产的地毯

准格尔国礼陶瓷产品

高原杏仁露

准格尔果品饮料生产线

学生们的实验课

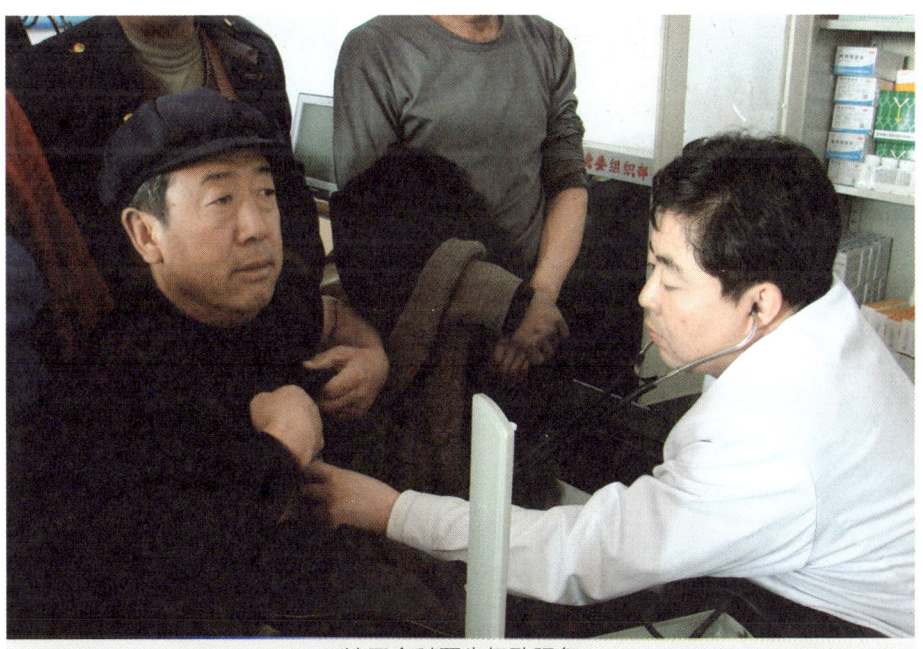
社区全科医生细致服务

政协优秀委员

放歌准格尔

准格尔旗千人吟唱漫瀚调

牧民欢歌

各族民众共唱团结歌

晋剧在准格尔旗

准格尔蒙古族民俗礼仪

蒙古族婚礼

祭敖包仪式

长滩村四月初八民俗文化旅游节

黄河七夕夜

世界小姐游黄河大峡谷

目 录

奋发前行 70 年 …………………………………… 杨玉铭 1
勤奋谱写壮丽诗篇 ………………………… 杨凤林 韩瑞君 10
探索准格尔绿色发展模式 …………………………… 韩来福 56
沧桑巨变谈发展 ……………………………………… 杨凤林 87
奋斗在闪亮的坐标上 ……………………… 王建中 李月琴 107
准格尔民间饮食 ……………………………………… 李月琴 163
创新奋斗书写华章 …………………………………… 翟　媛 167
准格尔旗赋 …………………………………………… 武学敏 176
后记 …………………………………………………… 编　者 180
作者介绍 ……………………………………………………… 182

奋发前行 70 年

杨玉铭

九曲黄河与万里长城握手,游牧文明和农耕文明交融,神奇的准格尔土地养育了吃苦耐劳的准格尔人。在党的领导下,废除封建王公特权,创建了伊克昭盟首个民族自治旗,融入民族自治大家庭,建设社会主义大集体,中国人民站起来后,准格尔旗为民族区域自治探索宝贵经验。改革开放包产到户,西部开发放歌新世纪,西煤东运,西电东送,建成全国经济百强县,为了让中国人民富起来,准格尔旗为国家建设做出了重要贡献。而今身处民族复兴新时代,打造县域经济升级,决胜全面小康攻坚战,建成全国县级文明城,为了中华民族强起来,准格尔旗必将为圆"中国梦"奉献新的力量。

左翼前旗准格尔

准格尔旗地处蒙晋陕三省区交界地带,位于内蒙古自治区西南部、鄂尔多斯市东端。黄河三面环抱准格尔旗,流经旗境197千米。总面积7550.79平方千米。2018年总人口37万人。辖1个苏木、2个乡、7个镇、4个街道,2个经济开发区。旗人民政府驻兴隆街道,东距首都北京650

千米,距内蒙古首府呼和浩特130千米,北距草原钢城包头180千米,西距鄂尔多斯市政府所在地康巴什区120千米。

准格尔旗已探明地下矿藏12种。煤炭探明储量544亿吨,远景储量1000亿吨。十里长川以东准格尔煤田属石炭纪、二叠纪煤层,为低硫、高灰分、发热量在5000大卡以上的长烟煤,是优质动力煤;纳林川以西东胜煤田属侏罗纪煤层,为低灰、低硫、低磷、发热量6000大卡以上的褐煤,是优质化工煤。高岭土储量1484.4万吨,主要有薛家湾的白色高岭土、龙口的红色高岭土、黄天棉图的黄色高岭土。

准格尔地区的历史可以追溯到2000多年前,秦汉治广衍(今纳日松)、美稷(今纳林)、沙南(今大路社区城壕村)县,隋唐置榆林郡(今十二连城乡脑包湾村)、胜州(今十二连城乡),明朝立东胜卫右卫(今托克托县古城)。顺治六年(1649年),清朝将蒙古鄂尔多斯部划为左右两翼六旗,鄂尔多斯东部设左翼前旗,蒙古语俗称"准格尔旗"。旗是蒙古"台吉"的世袭领地,也是军政合一的地方建制,皇帝册封旗主"札萨克"王爷,旗上设东、西协理,管旗章京,东、西梅林五员,共同打理旗务;旗下派8位参领42位佐领统领约6万部众。

康熙三十六年(1697年)开放边禁,口里汉人开始到准格尔旗一带春出秋归地跑"青牛犋";光绪二十年(1894年)起,旗王爷允许汉人定居旗下,设13个达庆牌(今乡一级政权组织)、56个达尔古牌(今村委主任),按地域管理旗下蒙汉民众,这在蒙旗是绝无仅有的。口里汉人与蒙古旗民互惠互利,形成半农半牧的经济形态和蒙汉杂居的社会形态,吃糜米酸饭的汉人与喝炒米奶茶的蒙人水乳交融,孕育了民间艺术奇葩"漫瀚调"。

国民党统治时期,绥远省动荡不安,准格尔旗遭受兵匪轮番洗劫,抢粮抓丁,导致民力搜刮殆尽;国民党为废旗立县,挑唆蒙古台吉自相残杀,导致流血内乱,大量人口外流;王公台吉和地主商人加重苛捐杂税,盘剥蒙古平民和汉族农民,使穷苦百姓生活在水深火热之中。民族压迫和阶级剥削交织,天灾与人祸并存,到1949年,全旗仅蒙古族人口就锐减到不足万人。

社会主义大集体

中华人民共和国成立之初,准格尔旗百废待兴。共产党领导人民进行了温和的土改,全旗4.76万群众分到了土地等生产资料,消灭了土地私有制,废除了台吉世袭制,人民在经济上翻了身,开始了自食其力的新生活。有地种、有饭吃,社会安定,生活有保障,准格尔旗人口稳定增长。

1953年7月,准格尔旗展开首次人口普查和基层普选,全旗117477人中,年满18周岁的选民逐级选出132名旗人民代表。1954年3月31日至4月4日,在绥远省并入内蒙古自治区之际,全旗首届人民代表大会在沙圪堵镇胜利召开,会议选举成立了旗人民委员会。蒙古族、汉族人民融入内蒙古民族区域自治大家庭中,成为社会主义国家的主人。

1956年,准格尔旗改造农业、手工业和工商业,建立社会主义经济制度。农业由互助组到农业合作社,进而改造为劳动群众集体经济;手工业改造后,建立国营和供销合作商业,成为发展经济,保障供给的主渠道;工业厂矿改造为全民所有制经济。1955年5月创建的榆树湾硫磺厂,是全盟最大的国营企业,生产出全盟最早的出口产品硫磺,1959年被评为全国先进生产集体。

1958年,全旗建立8大人民公社,1961年又分为25个人民公社,开始集中力量建设社会主义。"农业学大寨"运动中,榆树塔生产大队人均口粮达到《全国农业发展纲要》的计划指标,马栅生产小队是全旗首家粮食产量过"纲要"、跨"黄河"的生产小队。"工业学大庆"运动中,全旗首座发电厂于1959年供电,首家化肥厂于1971年投产,首家水泥厂于

1974年投产；榆树湾"八二五"学校，学工学农学军，学校教育与生产劳动相结合，打造享誉内蒙古的教育品牌。

改革开放新时期

人民公社大集体，在运行了20多年后，准格尔旗农村出现了吃粮靠返销、花钱靠救济、生产靠贷款的"三靠"现象。

改革开放初，准格尔旗解放思想，穷则思变，到1982年全部实行包产到户，责任田按劳力到户，生产上变集体核算为家庭经营，分配上缴够国家的，留足集体的，剩下都是自家的，解放了农村生产力，全旗普遍解决了温饱问题。政策允许发展商品经济后，个体私营经济如鱼得水，部分农民进城当个体户，成了最早的"万元户"。

1990年4月21日，来自全国各地的万人建设大军会战准格尔煤田，拉开了准格尔现代化建设序幕。为支持煤田开发，准格尔旗向矿区派驻办事处，在矿区设立薛家湾镇，及时完成矿区移民搬迁；1994年黄河万家寨水利枢纽上马，又完成库区移民。服务国家重点项目，带动了地方经济发展，1996年准格尔旗财政收入突破亿元大关，成为内蒙古首家财政收入上亿元旗县。

1998年，准格尔旗对48家商贸流通企业、21家工业企业进行民营化改制，资不抵债的企业，破产解体，量化资产，买断工龄，分流人员，使全旗出现了数千名下岗职工。龙头骨干企业，通过配购国有股，法人代表持大股，管理人员多入股，普通员工都参股，实行民有民营改制。经历改革阵痛，通过市场竞争，诞生了内蒙古伊东煤炭集团、内蒙古生力民爆公司、内蒙古高原杏仁露公司等一批本地企业。

准格尔旗上报政府迁址薛家湾镇的请示，1996年8月得到国家民政部批准。1999年8月10日，首批58个单位、979名干部工职，随满载办公设备和文件档案的车辆迁离沙圪堵镇。8月28日,在薛家湾镇在建的准格尔广场,旗人民政府隆重举行了迁移庆典,薛家湾镇区万人空巷,随着26响礼炮鸣响,数千白鸽放飞蓝天,26万准格尔人民掀开崭新的一页。

薛家湾镇按"50年不落后,30年不后悔"目标,高起点规划,高投入建设,对接煤田生活区建成"四纵两横一环"城市框架,将县域经济龙头高高扬起。2000年8月,恰逢政府搬迁1周年,薛家湾镇被命名为内蒙古十佳文明示范城关镇。今日,准格尔人可以自豪地说,政府搬迁,迁出了一个全国文明县城,迁出了一个自治区开发区,开创了一个县域经济发展新格局。

西部放歌新世纪

21世纪初,准格尔旗赶上中国煤炭黄金十年,西煤东运,西电东送,掀起新世纪"走西口"高潮。神华准能公司黑岱沟露天煤矿于2005年成为全国最大露天煤矿,新建哈尔乌素露天煤矿又于2012年成为全国露天煤矿新的领头羊;黄河万家寨水利枢纽2000年投产,其配套工程龙口水电站于2009年发电;2000年,国家西部大开发第一个火电项目国华准格尔发电厂开工,到2007年9月30日,电厂4×330万千瓦机组全部投产。

国家项目开疆拓土,地方项目趁势发力。2005年,鄂尔多斯市打响煤矿机械化改造三年攻坚战,伊东集团窑沟扶贫煤矿率先投产,全旗关闭煤矿102座,技改扩建煤矿106座。技术装备水平跨入全国先进行列。十年间,全旗产煤量由2000万吨增到2.6亿吨,发电量由15亿千瓦时接近200亿千瓦时,成为国家西煤东运的主要煤炭生产基地,西电东送的重要电能生产基地,2008年1月28日,准格尔旗入围内蒙古工业十强旗县。

准格尔旗发展煤化工产业和非煤产业,让县域经济再次起飞。2000

年10月28日,政府原址沙圪堵镇设立的自治区级开发区挂牌运作,是鄂尔多斯市首家经济开发区。伊东循环经济产业园全国首创干馏煤制气生产甲醇技术,建成国家循环经济试点单位;开发区引进的鄂尔多斯国礼陶瓷项目,成为准格尔旗非煤产业开山之作。2008年开发区入围"内蒙古工业十强开发区"。

2004年起,准格尔旗规划建设大路新区,于2006年引进印尼三林集团建设大路煤化工基地。2009年3月27日,伊泰年产16万吨煤制油项目产出了中国第一桶煤基合成油,这桶油被内蒙古博物馆收藏;2012年11月29日,久泰能源内蒙古有限公司实现年产甲醇百万吨,成为世界产能最大的煤基甲醇生产线。2012年大路煤化工基地被评为内蒙古优秀工业园区。

准格尔旗2000年列为国家退耕还林试点县,当年5月1日起在全国率先推行禁牧舍饲,2005年起实施"一矿一企治理一山一沟"工程,2010年起,实施生态建设三年规划,植被覆盖度提高到72.5%,森林覆盖率提高到28.65%,水土流失治理程度提高到80%,黑岱沟露天煤矿建成国家级绿色矿山。2012年2月24日,准格尔旗成为全国首个水土保持生态文明县。

2007年,全旗划分为优化发展区、限制开发区和禁止开发区"三区"。禁止开发区内的暖水乡人口整建制退出,搬迁异地安置,建成全国首个生态自然恢复区,2011年12月首映的乡土电影《跟着幸福走》,反映了移民迁离故土,迁入城市生活的故事。优化发展区十二连城乡以五家尧子村为中心,辐射带动周边6个村,种植向基地集中,养殖向园区集中,人口向社区集中,建成内蒙古社会主义新农村建设示范村。准格尔旗统筹城乡发展,2012年12月成为全国社会主义新农村建设示范县。

准格尔旗大力发展社会事业,不断满足民生所需。2001年建成全国普及九年义务教育和扫除青壮年文盲旗,新建的世纪中学2011年晋升为内蒙古示范高级中学;与内蒙古工业大学合办矿业学院,2012年矿区移民的200名子女成为首届毕业生;免收学杂费、课本费、作业本费、住宿费,2012年实现从学前到高中免费教育。2004年4月在全国首批启动新型农村合作医疗,2007年全国首创两年一轮成年人免费体检。多点试水,密织社会保障网。2003年早于全国3年免除农业税,农民不交皇粮国税,领取政策补贴;2004年6月,在全国首创农民驾校,农民学技术,政府来埋单,两个人养一挂煤车,人歇车不歇,年收入10万元;2008年起,在全区率先实施农村基本养老保险,到2012年,城镇职工和无业居民,农民和矿区生态移民全部纳入养老保险统筹。

全面小康新时代

党的十八大以来,准格尔旗应对新常态,打造县域经济升级版。煤炭行业2018年产煤量继续领跑全国产煤县;电力装机容量656万千瓦,2016年蒙西至天津南特高压能输变电工程投运;大路煤化工基地落地产能突破600万吨,2017年粉煤灰提取氧化铝项目获国家科技进步二等奖;准格尔经济开发区日用瓷产能8000万件,建筑瓷产能500万平方米。两大工业园区2018年进入《中国开发区审核公告目录》。

准格尔旗在沿黄河、十里长川、纳林川发展现代农牧业,"高原露""农乡丰""碱地稻"等绿色品牌,通过电商走出本土,走向国内市场。全旗建成库布其沙漠甘泉"水镜湖"、黄土高原神树"中国油松王"、鄂尔多斯最大寺庙建筑群准格尔召、准格尔黄河大峡谷等5家国家4A级旅游景区、4个全国旅游名镇、名村,2018年5月,准格尔旗入围中国最美县域榜单。

准格尔旗是国家新型城镇化试点地区,中心城区薛家湾—大路新区,被纳入国家呼包鄂榆城市群节点城市。2009年启动创建全国文明县城,2012年提出全国文明县城、卫生县城、园林县城"三城联创"。薛家湾南北两山植绿建园,塔哈拉川注水成河,使北国山城平添江南灵秀;大路新区城在林中,林在城中,成为一座园林生态新区。2017年11月17日,准格尔旗荣获第五届全国文明县城这一极具含金量的荣誉。

2014年至2016年,准格尔旗实施内蒙古"美丽乡村建设"工程,建设美丽乡村。改造危旧房,硬化公路、街巷道路,改造农村电网,建设安全饮水工程,安装电视"户户通"、广播"村村响",建设卫生室、文化室、便民连锁超市;校舍安全改造工程、农民社会保障工程实现全覆盖。保护传统建筑,保留乡村风情,杜家峁村入围中国传统村落,小滩子村建成全国美丽宜居示范村,另有7个村入选首批国家级"绿色村庄"。

道路串联准格尔城乡之间,全旗公路通车里程4438千米,2018年9月建成"四好农村路"全国示范县;铁路通车里程673千米,2018年4月10日,呼准鄂铁路准格尔站开通动车组列车,准格尔人乘"和谐号"动车,步入了新时代。

全面小康关键看老乡。2016年初全旗还有市级贫困人口1861户4498人。全旗派单位驻村、干部包户,打响精准扶贫三年攻坚战。出台易地搬迁、产业扶持、教育资助、医疗救助、社保兜底系列政策,与贫困人口建立利益联结机制,发展集体经济。驻村干部的努力换来了贫困人口的脱贫,2018年底,全旗脱贫1806户4529人,整体消除绝对贫困。

为了赢在起跑线,准格尔旗2016年成为全国义务教育发展基本均衡县。为了健康奔小康,准格尔旗上联省市三甲医院建立医疗联合体,下管乡村卫生院室建立医疗共同体,2017年成为公立医院综合改革第二批国家级示范县。

小康成色,文化添彩。准格尔的"漫瀚调",走出国门,享誉世界。2015年千人同台吟唱"漫瀚调"活动获世界纪录认证;2016年电影《漫瀚调》

获第 13 届世界民族电影节最佳原创音乐奖、最佳影片提名奖;2017 年准格尔旗"乌兰牧骑"代表国家出访印度尼西亚,完成了国际艺术节民族歌舞演出;漫瀚调音乐剧《牵魂线》获国家艺术基金资助,2018 年在全国优秀音乐剧展演精彩亮相。

几年来,全旗党员干部以"白加黑""五加二"的精神投身急难险重任务,用共产党员的辛苦指数换来人民群众的幸福指数。党员干部与农村结缘、与农民结亲,打通服务群众的"最后一千米";机关党组织阵地联建、活动联抓,被评为全国机关党建最佳案例;政务服务大厅放管服改革,让老百姓最多跑一次,被评为全国政务服务典型案例。

2018 年,全旗财政收入达到 246.31 亿元,比 2010 年多百亿元。城镇居民人均可支配收入 48207 元,比 2010 年增 2 万多元;农村居民人均可支配收入 18247 元,比 2010 年增近万元。继 2005 年跻身全国百强县 89 位,2008 年进入中国全面小康十大示范县,2018 年,位居全国综合实力百强县第 21 位、西部百强第 1 位。

　　…………

70 年砥砺奋进,70 年春风化雨。70 年风雨历程昭示我们:没有共产党,就没有准格尔的新生,是准格尔人选择了共产党;没有改革开放,就没有准格尔的今天,是改革开放成就了准格尔旗;坚定不移走中国特色社会主义道路,才能创造准格尔更加美好的明天。2019 年 1 月 17 日召开的旗委十五届九次全会,号召广大党员干部带领全旗各族人民,高举习近平新时代中国特色社会主义思想伟大旗帜,奋力谱写新时代准格尔高质量发展新篇章。

勤奋谱写壮丽诗篇

杨凤林　韩瑞君

1949年—2019年,准格尔旗走过了70年的不平凡历程。70年,虽然在历史的长河中只是短暂的一瞬,但是在中国共产党领导下的这70年,却给准格尔带来了前所未有的生机与繁荣。勤劳勇敢的准格尔人用智慧和汗水书写了壮丽的诗篇,闭塞落后的准格尔旗,经历了从国家贫困县到全国百强县、从传统农牧业到现代工业、从不毛之地到山清水秀的巨大变迁。今天的准格尔,经济基础扎实,社会和谐稳定,人民安居乐业。准格尔处处欢声笑语,准格尔人个个豪情满怀。

经济腾飞准格尔

中华人民共和国成立前,准格尔旗一直以农牧业生产为主,除部分手工业作坊以外,没有现代工业企业,经济发展封闭落后。中华人民共和国成立后,在党的领导下,准格尔旗逐步实现了由传统农牧业旗县向现代工业强旗的历史转变,实现了由国家级贫困旗县向全国百强县的伟大跨越,人民生活水平稳步提高。现在的准格尔旗,正以日新月异的发展变化吸引着世界的目光。

一、综合经济实力显著增强

——经济总量和发展水平实现重大跨越。1947 年全旗地区生产总值仅有 401 万元,1949 年实现 435 万元,1978 年达到 0.49 亿元,比 1947 年增长 11.2 倍,年均增长 8.4%。改革开放为准格尔旗发展注入了新的生机和活力,准格尔旗经济实现了健康快速发展。全旗地区生产总值 1988 年突破亿元,达到 1.42 亿元;1996 年跃上 10 亿元台阶,1998 年达到 17.15 亿元。进入 21 世纪以来,准格尔旗经济保持了迅猛增长势头,实现了又好又快发展,2005 年地区生产总值突破百亿大关,2007 年达到 300.03 亿元,位居全市各旗区第 1 位;2008 年达到 395.5 亿元。2002 年至 2010 年,全旗经济始终保持每年 20% 以上的高速增长。这在全区,乃至全国旗县(市)中都是少有的,创造了经济发展的奇迹,2008 年被列为自治区纪念改革开放 30 周年推出的 10 个典型旗县之一。2012 年全旗地区生产总值突破 1000 亿元大关,达到 1000.4 亿元,2016 年达到 1143.2 亿元,是自治区成立初的 2.85 万倍、改革开放之初的 2385.6 倍。近几年,随着全球经济增速放缓,准格尔旗经济增长速度也有所放缓,虽然面临严峻形势,但 2017 年全旗地区生产总值仍然达 922.4 亿元,是改革开放之初的 1882 倍。2018 年,完成地区生产总值 938.2 亿元。

——人均地区生产总值成倍增加。70 年来,准格尔旗人均生产总值由 1947 年的 37 元增加到 1978 年的 241 元;1988 年达到 620 元,1990 年跨过千元大关,1998 年达到 6604 元,2000 年突破万元大关;2008 年突破 10 万元大关,达到 124371 元;2016 年突破 30 万元大关,达到 307643 元,2017 年达到 246664 元,人均地区生产总值已达到中等发达国家水平。

——固定资产投资积极拉动经济增长。1947 年至 1978 年的 32 年间,全旗固定资产投资额仅完成 6094.25 万元,改革开放后的第一个 10 年,仅 1987 年和 1988 年两年就完成了 8804 万元,超过了过去 32 年的总和。进入20世纪90年代，随着准格尔煤田大开发的启动，准格尔大建设的序幕被拉开，全旗固定资产投资迅猛增长，1990年突破亿元大关，1998年突破3亿元大关，达到3.18亿元；"八五""九五"两个五年计划期间，全旗分别完成投资73.4亿元、41.9亿元，特别是进入"十五"以来，准旗投资规模之大，建设速度之快，前所未有，项目建设成为拉动全旗经济增长的主动力。"十五"期间全旗固定资产投资年均增长41.0%、"十一五"期间年均增长38.7%。"十一五"期间准格尔旗深化区域合作开放，招商引资成果丰硕，引进资金突破500亿元，为经济发展注入了强大活力。2008年全旗投资额214.47亿元，2011年固定资产投资478.5亿元，2013年固定资产投资620.5亿元，2014年固定资产投资710亿元，"十二五"后期，随着经济发展进入新常态，投资增速有所放缓，但2017年全旗投资规模仍在500亿元以上，达到500.05亿元，稳居全市投资额首位。

——经济快速发展、财源日益雄厚，财政实力大幅扩张，支出结构日益合理。1947年，全旗财政收入不足4万元，到1962年超过百万元，达到142万元；1978年，全旗财政收入达到318万元；到1988年达到855万元，到1989年超过千万元，达到1303万元；到1990年达到1991.6万元，财政自给率达56.6%；到1996年跃过亿元，达到1.01亿元；1998年达到1.7亿元；2008年财政收入77.7亿元，2018年全旗财政总收入达到246.31亿元。

2005年全旗一般公共预算收入突破10亿元大关，达到12.89亿元，2008年达到28.55亿元，2016年达到81.83亿元。2017年达到67.38亿元，为1978年的2119倍，年均增长21.7%。2018年公共财政预算收入77.7亿元，增长15.3%。财政支出逐年增长，2016年全旗财政支出达96.79亿元，为改革开放之初即1979年的812倍。支出重点也由过去的生产性领域转变为社会保障、教育、卫生、环保等民生领域。

——县域经济基本竞争力迅速提升。2005年首次跻身全国县域经济基本竞争力百强县行列，在全国2002个县域单位（不包含市辖县级区）中列第89位,2006年升至第67位,稳居西部百强县第3位;2007年升至第57位,2008年升至第47位。2009年荣获中国全面小康十大示范县和中国金融生态县称号,在第九届全国县域经济基本竞争力评价中列全国百强县第37位，西部百强县第2位;2010年升至全国百强县第20位,西部百强县第1位;2011年升至全国百强第12位;2012年升至全国百强第10位，稳居西部百强第一位;2015年成为改革开放以来自治区推出的30个典型旗县区之一;2015年至今，县域经济基本竞争力位居全国百强县前列。

二、产业结构不断优化，三次产业得到全面发展

中华人民共和国成立70年来，全旗经济结构逐步优化，由一产为主走向三次产业协调发展,总的发展趋势是一产比重逐年下降,二、三产比重逐年上升。1947年至1989年准旗的经济基础相对薄弱,产业结构层次很低，一产在经济比重中占有相当高的份额,1947年准旗三次产业比例为85.1∶10.8∶4.1,1978年准旗三次产业比例为59.41∶31.69∶8.9,1988年准旗三次产业比例为60.37∶23.91∶15.72。1990年以后，随着国家重点项目准格尔煤田的开发建设，准旗工业化程度迅速提高,到1990年二产比重首次超过一产,三次产业比例为40.9∶43.5∶15.6,工业为主导的经济格局初步形成。1998年准旗三次产业比例为20.4∶53.9∶25.7,三产比重已超过一产。进入21世纪,伴随着经济的快速增长,准旗的经济结构继续发生深刻变化,2008年发展为1.1∶55.4∶43.5,2016年三次产业比例为0.9∶59.1∶40,2018年经济结构比例为1.2∶53.8∶45。

近年来，准格尔旗煤炭、煤化工、煤电铝、陶瓷"四大产业集群"建设迈出重要步伐,一批煤炭资源转化项目建成投产,一批事关地区长远发展、转型发展的重大项目顺利推进,发展潜力和后劲进一步增强。现代服务业支撑作用也不断增强,漫瀚神韵、黄河峡谷、沙漠风情、民俗生态等特色旅游产品加快打造中,煤炭物流、电子商务、金融等服务业发展迅速。"一煤独大"格局正在加快转变,传统产业新型化、新兴产业规模化、支柱产业多元化格局正在形成。

——农村经济健康稳步发展。70年来,特别是改革开放40多年来,准旗农林牧渔业得到全面发展,产品产量成倍增加。1977年12月,准格尔旗农业丰收,粮食总产达6.1万吨。1997年达到9万吨,2005年达到11万吨,牧业年度牲畜总头数达到106.7万头只,增长36.5%。2007年划分农牧业优化开发区、限制开发区和禁止开发区后。至2013年农牧业稳定发展,粮食产量年均8.75万吨,牲畜存栏量78.3万头(只)。2016年,全旗粮食产量达9.6万吨,为1947年的9.3倍,为1978年的1.9倍;牧业年度牲畜头数达62.3万头只,肉类总产量达12265吨,为1947年的24.5倍。在1978年前,全旗农林牧渔业总产值中,种植业所占比重始终保持在60%以上。进入21世纪,在稳定粮食产量的前提下,畜牧业所占比重逐步提高。2016年全旗农林牧渔业总产值达到17.05亿元,为1947年的228.9倍,年均增长8.2%。农业劳动生产率和农牧业生产效益大幅提高。

2018年政府坚持因村制宜、兴办实业。充分发挥准旗工矿企业多的优势,深入实施"百企帮百村"行动,投入帮扶资金1970万元,新组建种养专业合作社、保洁劳务公司28家,以村集体经济发展带动农村产业健康发展和贫困户稳定增收。2018年农牧业发展提质增效,内蒙古农乡丰工贸有限公司、内蒙古高原杏仁露有限公司获评全区首批农牧业产业化联合体,一产实现增加值10.99亿元。现代农牧业质量效益和竞争力不断提升,培育了一批农畜产品品牌。2019年9月,"准格尔羯羊"和"准格尔糜米"地理标志证明商标同时获国家知识产权局正式注册,填补了准旗国家地理标志证明商标的空白。准旗农牧业实现了增收增效,农村经济呈现出前所未有的繁荣景象。

——能源化工基地规模壮大,工业经济欣欣向荣。中华人民共和国成立前,准旗百业凋零、满目疮痍,全旗工业基础相当薄弱。1947年,准旗工业总产值不足90万元,工业从业人员约为2000人。中华人民共和国成立后,经过几代人的不懈努力,全旗工业整体实力大幅提升,1978年准旗工业总产值达到2306万元。改革开放后,全旗工业发展突飞猛进,特别是进入21世纪以来,"工业立旗"战略大力推进,工业经济规模迅速壮大,实力不断增强,成为经济增长的主要力量。坚持依托煤、延伸煤、超越煤,煤炭产业正从粗放走向集约,工业结构由原煤生产一家独大开始向原煤、煤电、煤化工、非煤产品相结合转变。资源整合和产业升级步伐明显加快,发展循环经济成效显著,新型工业化格局初步形成。工业发展的效益和质量明显提升,2007年,全旗完成工业总产值251.2亿元,是1978年的1092倍,29年间年均增长27.3%。工业经济发展水平走在了全区、全市前列,2007年底跻身自治区工业十强旗县(市、区)行列。

经过改革开放40多年的建设和发展,准格尔旗工业在国民经济中的主导地位日益突出。2017年工业总产值达到1051.64亿元,按现行价格计算,总量比1978年增长4559倍。2017年全旗工业增加值为453.43亿元,占地区生产总值比重由1978年的29.1%提高到49.2%,占到全旗经济总量的"半壁江山",成为全旗经济的中流砥柱。准格尔旗工业经济总量已跃居全自治区103个旗县首位。2018年,规模以上工业企业实现利润211.7亿元,位居全国工业百强县第14位。第二产业实现增加值504.84亿元,其中:工业增加值完成449.42亿元,建筑业增加值完成55.42亿元。"四大产业集群"实现新发展,国电长滩电厂获批;久泰50万吨乙二醇、易高1万吨碳材料等重点项目加快推进;久泰60万吨烯烃、伊泰煤制油5万吨稳定轻烃深加工等6个项目建成投产,新增煤化工产能104万吨。准格尔经济开发区和大路煤化工基地进入《中国开发区审核公告目录(2018版)》。

——第三产业迅速成长,社会服务方式多样化。1947年至1978年,由于历史原因和资源环境的制约,准格尔旗第三产业在相当长时间内处于缓慢发展状态,1947年全旗第三产业增加值仅有16.4万元,占全旗生产总值的4.1%,到1978年达到438.3万元,占全旗生产总值的8.9%。1978年以来,特别是进入21世纪后,随着市场经济的不断深入,产业结构的升级,消费形式的变化和城市化的推进,第三产业发展速度明显加快。1978年至2017年,第三产业增加值由0.04亿元增加到401.15亿元,年均增长26.6%,第三产业占生产总值的比重也由1978年的8.9%提高到2017年的43.5%,提高了34.6个百分点。商贸、交通运输、住宿餐饮、居民服务等传统服务业通过运用现代经营方式和服务技术,保持较快的发展势头。金融、保险、技术、信息、咨询、软件、旅游、房地产等现代服务业发展更为迅速。第三产业的快速发展和服务方式的创新,大大方便和丰富了人民群众的生活。2018年服务业占经济总量的比重达到45%,第三产业的快速发展和服务方式的创新,大大方便和丰富了人民群众的生活。2018年接待游客112万人次,旅游总收入25.83亿元。

——居民生活水平显著提高,实现从贫困到小康的跨越。中华人民共和国成立70年来,准格尔旗委、政府坚持把提高人民生活水平作为根本出发点和落脚点,使发展的成果惠及全体人民,城乡居民收入不断增加,人民生活水平得到空前提高。1990年准格尔旗开始城市住户调查以来,城镇居民人均可支配收入仅为985元,2000年超过5000元,2005年跨入万元大关;2007年达到17416元,是1990年的17.7倍,年均增长18.4%;2016年达到41523元,是1990年的42.16倍,年均增长15.5%。农民人均纯收入1978年仅144元,1985年是239元,1990年突破千元,2007年达到6288元,是1978年的43.7倍,年均增长13.9%;

2016年达到15500元,是1978年的107.6倍,年均增长13.1%。城镇居民消费水平由1978年的人均160元提高到2016年的人均27547元,增长了171.2倍。2018年人民收入水平稳步提升,城乡居民人均可支配收入达到48207元和18247元,分别增长7.2%和8.9%。

三、煤炭产业蓬勃发展

准格尔旗位于鄂尔多斯东部,南北长116.5千米,东西宽115.2千米,面积7692平方千米。全旗境内煤炭资源丰富,地下埋藏有古生代石炭、二叠纪和中生代侏罗纪复合煤田。含煤区总面积占全旗总面积80%以上。全旗煤炭总储量约1044亿吨,远景储量约5000亿吨。煤炭资源具有分布广、储量大、煤质好、埋藏浅、煤层厚、低瓦斯、易开采等优点。东部准格尔煤田主要煤种为长焰煤,具有低硫、高灰分的特点,是良好的动力用煤及民用煤。西部东胜煤田主要煤种为不黏结煤,具有低灰、低硫、低磷、高发热量、高挥发分的特点,享有"天然精煤"之美誉,是优质的环保出口精煤和化工用煤。准格尔旗现在拥有全国最大的露天煤矿——神华准能黑岱沟露天煤矿,并且正在建设世界一流的煤化工基地——大路新区煤化工基地。全旗现有煤矿125座,总核定生产能力35446万吨/年。按开采方式划分,井工煤矿72座,核定生产能力18026万吨/年;露天煤矿65座,设计生产能力17420万吨/年。按开采规模划分,60万吨/年及以上煤矿132座,核定生产能力35290万吨/年,60万吨/年以下煤矿5座,设计生产能力156万吨/年。

准格尔旗煤炭开采的历史,源远流长。1949年全旗有煤窑88座,工人近400名,年产量约5万吨。1956年,全旗煤炭产量达8.6万吨。煤炭工业在全旗国民经济中占有十分重要的地位。1990年,煤炭工业产值3523.92万元,占全旗工业总产值的40%。2005年准格尔旗煤炭产量突破7000万吨大关,成为全国第一产煤大旗。2006年煤炭产量8522万吨,2007年煤炭产量达到9641万吨,2008年煤炭产量达到10015万吨,2011

年煤炭企业兼并重组全面实施,煤化工产业链不断延伸,煤电铝一体化基地规划设计全面启动,2011年生产原煤26557万吨,增长29.5%。"十二五"期间,准旗资源型产业链升级取得突破性进展,煤化工产能达到482万吨,2013年生产原煤25800万吨,洗选配率达80%以上;2015年产销原煤22080万吨;2016年产销原煤24049万吨;2017年产销原煤26760万吨,比1978年增长371.3倍,继续保持全国"第一产煤大县"称号,其中内蒙古伊东资源集团股份有限公司、满世投资集团有限公司两户企业分别生产原煤1858万吨和1495万吨,分别排名"2018中国煤炭企业煤炭产量50强"榜单第28位和30位。2018年准格尔旗产销原煤30485万吨,增长13.9%,其中:准能4349万吨,地方26136万吨。煤炭行业全年累计实现工业产值601.73亿元,占规模以上工业总产值的68.4%。全年煤化工行业实现产值92.77亿元,增长7.8%,占规模以上工业总产值的10.6%。

四、电力发展欣欣向荣

准格尔旗的电力工业从20世纪50年代开始起步,经过改革开放40多年的发展,已经实现了质的飞跃。改革开放前,准格尔旗仅有沙圪堵、榆树湾两座小型火力发电厂,供电范围小,电力严重不足。广大地区不通电、缺电一直是制约准格尔旗经济社会发展的瓶颈问题,直到20世纪90年代末,政府还在为消灭无电村而努力。时至今日,准格尔旗已经成为重要的煤电基地。2008年发电126.24亿度,增长19.1%。2011年发电172.9亿度,增长22.3%;"十二五"期间,准旗电力装机达到421.6万千瓦。2016年发电量比1978年增长1070倍,达159.02亿度。2017年发电量比1978年增长1755倍,达260.85亿度。2018年发电311.73亿度,增长19.5%,其中:火电290.06亿度,增长15.7%;水电21.67亿度,增长114.1%。截至2018年,全旗已建成电厂12座,电力总装机655.6万千瓦,其中火电10座,水电2座。在建电厂4座,电力装机528

万千瓦。

五、交通事业日新月异

——公路四通八达。中华人民共和国成立前,准旗的交通条件十分落后,最好的道路就是可供畜力车通行的车马大道。纳林川、牸牛川、十里长川因地势平坦成为境内的主要通道,人们以肩挑、驴驮、畜力车进行贸易往来。黄河准格尔旗段上,从上游到下游有10余处靠人力搬船的渡口。那时,准格尔旗没有真正意义上的公路,更谈不上铁路。

中华人民共和国成立初期,在中国共产党的领导下,准旗的交通运输事业从无到有、从小到大迅速发展。各族干部群众积极响应党的号召,发扬愚公移山精神,在生活尚未解决温饱的情况下,使用铁锹、镢头、箩筐、扁担等劳动工具,凭借人力和畜力修通了至今仍发挥干线作用的几条简易公路,结束了准旗无公路的历史。1956年,开始修建第一条正式公路。1956年至"文化大革命"初,这个时期的公路建设本着"先求其通,再求其好,逐步提高"的原则,成为准旗公路建设史中普及和发展时期。这一时期修建的公路总里程约占全旗现有交通、公路部门养护公路总里程的50%左右。1956年,准旗至东胜、榆树湾至喇嘛湾两条简易公路通车;1957年,准旗建立客运站,开通了沙圪堵至东胜的班车,以货车载客。"文化大革命"时期,准旗公路建设进度缓慢,全旗仅新建公路95千米。到改革开放前,准格尔旗全旗境内仅有公路600余千米,人民群众出行十分不便。

改革开放后,随着准旗经济的快速发展,交通事业有了新的发展,公路通车里程快速增长,等级逐步提高,路网结构日趋合理。1985年,全旗各级公路总里程达到2030千米;1988年10月,准格尔矿区1号公路建成通车,结束了准格尔旗境内无黑色路面的历史。到1995年,全旗各级公路总里程为2350千米。然而当时的公路建设仍是以建设黏土路、砂石路为主,这种状况一直持续到20世纪末。

进入21世纪,旗委、政府进一步加大对交通建设的投入力度,采取银行贷款、企业自筹、BOT(建设－经营－转让)、产权置换等多种方式筹集公路建设资金,公路建设呈现出快速发展之势,无论是建设里程、投资规模,还是建设等级都创造了历史新高。

2001年,准格尔旗以引资的方式建成史家敖包—榆树湾线、阳四圪咀—吉格斯太线两条县道。2002年至2004年,公路建设进入高潮期,3年建成油路413.68千米,完成投资22.9亿元。2006年,呼大高速公路全线贯通,准格尔旗境内出现了第一条高速公路。

近年来,准旗紧紧抓住"公路建设年""一带一路"倡议、自治区推动呼包鄂协同发展和建设"四好农村公路"等有利契机,把交通建设作为从资源优势转化为经济优势的切入点,把公路建设作为拉动全旗经济发展的重要举措,千方百计争取交通建设项目,多渠道筹集公路建设资金,大力实施公路"通畅工程",全旗交通建设呈现出协调、快速、高效发展之势。到2016年底,全旗公路通车里程达4422.037千米,其中国道283.544千米,省道310.797千米,专用公路125.737千米,农村公路2019.278千米(包括县道808.659千米、乡道499.48千米、村道711.139千米),街巷硬化1682.681千米;全旗共建成高速公路里程228.402千米。全旗等级公路和硬化路面通车里程分别较2012年底增加了1699.337千米和2785.637千米,分别增长了59.6%和170.2%,全旗以国、省、县道为主框架,通乡公路为枢纽,通村公路(街巷硬化)为补充的公路交通网络基本形成,并实现了由通达到通畅的历史性转变。到2017年底,全旗公路通车里程4435千米,全旗等级公路通车里程较改革开放前增长了639.2%。全旗159个行政村中具备条件的行政村(矿区开采范围内的建制村除外)均实现了黑色路面贯通。2018年大龙高速等项目稳步推进,沿黄"一改高"联网收费。2018年9月,准格尔旗被交通运输部、农业农村部、国务院扶贫办授予"四好农村路全国示范县"。

——铁路纵横交错。1990年7月,丰(丰镇)准(准格尔旗)铁路破土动工,由此拉开了准旗铁路建设的序幕。1993年8月8日,丰准铁路铺架贯通开始监管运营,准格尔旗境内第一条铁路线开通。1994年,丰准铁路改变原设计开始向东续建延伸到大同,大(同)准(格尔)铁路丰镇至大同段破土动工。1997年6月28日,全长265千米的大准电气化重载铁路全线开通,标志着集1200万吨煤炭、20万千瓦电厂和长265千米铁路为一体的准格尔项目一期工程建设进入尾声,宣告了内蒙古自治区境内无电气化铁路时代的结束。

2018年底,准旗已建成大准、呼准、准东等铁路干线和专用线14条,全旗境内铁路通车里程达610千米,铁路外运能力达4.2亿吨。2017年12月31日,呼准鄂铁路准格尔站建成并投入运营,结束了准格尔旗未开通客运铁路的历史。

六、城乡面貌显著改观

20世纪50年代,准旗贫瘠落后,城镇数量少、规模小,旗人民政府所在地沙圪堵只有一条南北走向的500米长的街道。经过半个世纪的发展,到1999年旗人民政府搬迁前,沙圪堵已建成迎宾路、八一路、准格尔路3条南北走向竖街;建成育才街、文化街、公园街3条东西走向横街,总长度13.8千米,并基本实现硬化。1986年,增设榆树湾镇。1990年又增设薛家湾镇,到1993年市政区建成5.79平方千米,户籍人口达3.6万人,迅速形成一座煤海新城。

1999年,旗人民政府驻地由沙圪堵镇迁往薛家湾镇。政府搬迁有力地带动了城镇的建设和发展,准格尔旗的中心城镇也由沙圪堵镇变为薛家湾镇。进入21世纪,准旗经济持续快速增长,城镇化水平日益提高。"十五"期间准格尔旗城镇建设累计投资18亿元,是此前50年的6倍。城镇基础设施不断完善,2个开发区(准格尔经济开发区和大路新区)、6

个重点镇规划区面貌大大改观。2005年，准格尔旗城镇化率达到47.5%，全旗27万余人口中城镇人口达到16万余人，农村人口则降为11万余人，首次实现了城镇人口多于农村人口的历史性转变。"十一五"以来，准格尔旗城镇建设突飞猛进。薛大一体化建设和沙圪堵等重点镇建设稳步推进，建成区总面积42.6平方千米，常住人口城镇化率达68.2%，综合承载力明显提升，被自治区列入呼包鄂城市群节点城市，薛家湾镇、沙圪堵镇被命名为国家级重点镇。党的十八大以来，准格尔旗推进以人为核心的新型城镇化建设成效显著，城镇布局日趋合理。2013年，准格尔旗建成"国家卫生县城"；2017年，被评为"全国文明县城""国家园林县城"，被自治区人民政府授予"生态宜居县城示范旗"称号。

——美丽乡村建设精彩纷呈。党的十八大以来，按照习近平总书记"农村要留得住绿水青山，记得住乡愁"的要求，准旗进一步加大了新农村建设力度，统筹推进美丽乡村建设。2014年－2016年，全旗共实施危房改造2.7万户；安全饮水工程260处，受益6.3万人；街巷硬化及通村公路1850.7千米；村村通电及农网改造1873.4千米；安装广播电视户户通3.75万户；广播村村响164个；建设数字基站33个；新改、扩建嘎查村标准卫生室109个、文化室115个。全旗159个嘎查村基础设施全面改善，公共服务水平大幅提升，乡风文明建设成效显著，打造出了一批独具魅力的美丽乡村和特色小镇，公共服务水平大幅提升，乡风文明蔚然成风，农村面貌发生翻天覆地的变化。2018年准旗实施乡村振兴，建设品质城镇，城乡统筹打开新局面，入选2018年度全国新型城镇化质量百强县，白大路村被确定为自治区级乡村振兴示范点。

纵向地看，改革开放以来的40多年，是准格尔旗经济社会发展最旺盛、经济实力增长最快、人民得到实惠最多的时期。经过这一时期的发展，全旗生产力水平显著提升，经济建设步入快车道，社会面貌发生了翻天覆地的变化,人民生活正在向小康迈进,具备了较高的综合实力和较强的发展活力,全旗经济社会发展站在了一个新的历史起点上。

政通人和准格尔

早在第一次国内革命战争时期,准格尔旗各族人民就在中国共产党的领导下,开展了革命斗争,用鲜血和生命谱写了可歌可泣的革命斗争史。1929年,准旗第一个地下党小组葫芦头梁党小组成立;1938年,马栅地区党组织建立,同年中共绥蒙工委开始在准旗西部活动;1945年,魏家峁地区党组织建立;1947年,准达工委建立。革命斗争的火种在这块土地上从未间断,直至1948年4月,准旗地下党组织配合绥德前线司令部、伊盟支队一举攻克国民党准旗军政要地神山(现沙圪堵镇神山村),随即建立了中国共产党领导的准格尔旗临时自治政务委员会,本旗蒙汉人民从此获得解放。

1950年11月6日,中国共产党准格尔旗委员会成立,自此担负起了领导全旗各族人民进行社会主义建设和改革开放现代化建设的历史重任。1956年6月,中国共产党准格尔旗第一次代表大会胜利召开;2016年7月,中国共产党准格尔旗第15次代表大会胜利召开,历届党代会制定了准格尔旗不同历史时期的工作方针和任务,有力地推动了全旗经济社会的全面发展与进步。

2012年以来,在中央、自治区党委和市委的坚强领导下,准格尔旗委认真履行"把方向、管大局、作决策、保落实"的职责,深入学习贯彻习近平新时代中国特色社会主义思想和党的十八大、十九大等系列会议精神,全面贯彻落实习近平总书记对内蒙古的重要讲话,重要指示精神以及中央、自治区党委和市委的各项决策部署,毫不动摇坚持和加强党的全面领导,切实树牢"四个意识",坚定"四个自信",做到"两个维护",始终在思想上、政治上、行动上同以习近平同志为核心的党中央保持高度一致;充分发挥旗委"总揽全局、协调各方"的领导核心作用,推动全旗各项事业始终沿着正确的方向前进,为全旗改革发展提供了强大动力和可靠保证。

在旗委坚强领导下,人大监督"一府两院"及重大事项决策等职能不断加强,政协民主协商、参政议政作用充分发挥。近年来,准格尔旗积极发展社会主义民主政治,推进全面依法治国,党的领导、人民当家做主、依法治国有机统一的制度建设全面加强,党的领导体制机制不断完善,爱国统一战线巩固发展,民族宗教工作创新推进,党管武装和双拥工作扎实推进,党校、老干部局、档案馆、史志办等单位工作不断取得新成绩,工会、共青团、妇联、工商联、文联、残联、红十字会、科协、关工委等工作不断加强,全旗上下形成了齐心协力、共谋发展的新局面。

一、党的基层组织建设不断加强,党员的先锋模范作用充分发挥

无论是在中华人民共和国成立初期,还是在改革开放后的历史新时期,各级党组织都牢记全心全意为人民服务的宗旨,充分发挥战斗堡垒作用,团结和带领全旗各族人民艰苦奋斗、勤俭创业,逐步改变了准格尔贫穷落后的社会面貌。各级党组织和广大党员,在各条战线上都真正发挥了主心骨和领头雁的作用。

伴随着改革开放的深入,准格尔旗党的建设不断加强,各级党的组织尤其是基层党组织,在市场经济条件下发挥出越来越强大的影响力和作用。2002年全旗有249个村党支部,18个乡镇党委,非生产性国有企业党组织9个,非公有制企业党组织28个,其中党委1个、党总支20个;机关事业单位党组织193个;居委会24个,其中党支部9个。2008年,本旗为嘎查村、社区配备大学生村干部;创新开展"村企共建"活动,推行村干部、企业负责人到嘎查村与企业交叉任职。2009年,开办首届村干部大专函授班;累计投资248.3万元,建成远程教育基站130个,电

教播放点41个。2018年,开展了嘎查村社区"两委"换届工作,嘎查村社区全部建立村(居)务监督委员会。到2018年底,全旗有721个党组织15695名党员。

2019年,准格尔旗辖内蒙古准格尔经济开发区、鄂尔多斯大路煤化工基地2个开发(园)区;辖蓝天、友谊、兴隆、迎泽4个街道,薛家湾、沙圪堵、大路、龙口、魏家峁、纳日松、准格尔召7个镇,十二连城、暖水2个乡和布尔陶亥苏木,共14个乡级政区;有38个社区、156个村、3个嘎查;党的基层组织774个,党组35个,党(工)委34个,党总支30个,党支部679个,村级党组织159个,社区党组织36个,非公经济党支部119个。

近年来,旗委始终坚持把加强党的基层组织建设工作作为重大政治责任,着力抓基层打基础、谋发展促和谐,切实把党的组织资源转化为发展资源,组织优势转化为发展优势,不断提升全旗基层党建工作科学化水平,以基层党建的有形有力,实现了服务全旗发展大局的有为有效,各领域基层党建水平不断提升。2017年,本旗被确定为全市"一核心三融合"工作机制示范旗;2018年、2019年连续两年被自治区列入"呼包鄂城市基层党建协同共建"示范旗。

(一)农村党建领域

全旗现有嘎查村党支部159个,共有党员6446人,占全旗党员总数的40.11%。全旗159个嘎查村,村村有阵地,92%的嘎查村通过有线或无线网络实现互联网办公,159个嘎查村全部建立村务监督委员会。旗委连续10年共选派旗乡1.5万人次机关党员干部驻村开展工作,形成"三到两强"工作制度,并在全市推广,逐步实现了驻村干部、"第一书记"派驻全覆盖,累计实施3100余个增收项目,1890名国家级贫困人口稳定脱贫,1970名市级贫困人口全部实现年收入增长超出市贫线20%以上,全旗累计受益群众6.38万人。

(二)社区党建领域

城镇基层党的建设走过了居委会党建、社区党建、城市基层党建3个历程。1976年9月,沙圪堵城关人民公社成立9个居民委员会,此后原榆树湾镇、准能公司、薛家湾镇陆续成立居委会,至2002年,全旗居委会达24个、设立党支部9个。2003年,居委会更名为社区;2004年,准能公司3个社区划归薛家湾镇;2010年11月,成立迎泽、蓝天、兴隆、友谊4个街道,原属薛家湾镇的社区划归4个街道。从1995年准格尔旗第一个社区——白云社区成立,发展到2019年,全旗共有社区38个,其中城市社区27个、城镇社区11个。近年来,通过下沉街道及部门工作人员到社区服务站,选聘大学生村(社区)干部和民生志愿者,返聘离退休干部和临时聘用人员等形式充实社区工作力量,不仅提升了党建工作科学化水平,也提高了居民生活满意度和幸福感。迎泽街道及南苑、湖西社区、兴隆街道及站北、鑫凯社区先后被确定为共建示范街道社区。

(三)机关党建领域

近年来,旗直机关不断创新组织设置模式,全面推进全旗机关党建区域一体化建设,将全旗94个机关党组织按照职能相近、业务相关的原则,分领域分行业联建党组织机构,联建了党群、社会事业、城建国企、经济政法、综合部门5个非建制性联合党委,走出了一条机构联合、资金联筹、活动联抓、帮扶联助、阵地联建、工作联评的机关党建新路子。全面提升了机关党建服务转型发展水平,提升了服务党员、服务群众、服务基层的能力,推动了业务工作和机关创建工作深入开展,全面提升了机关党建质量。2015年9月,本旗被全国党建研究会评选为贯彻落实《中国共产党党和国家机关基层组织工作条例》全国最佳案例。全旗大力开展了机关党员干部服务扶贫攻坚、创建文明城市等重点工作。全旗171个旗直部门与142个嘎查村结成帮扶对子,派驻1216名包扶领导干部,与1861户贫困户结成精准帮扶对子,着力打通联系服务群众的

"最后一千米"。2016年6月,"机关党组织与农村结缘,党员与农民结亲,打造精准扶贫亮丽风景线"的做法,在全国机关党建工作研讨会上评选为全国先进典型。2017年11月,在福建省福州市召开的深入学习贯彻党的十九大精神推进"放管服"改革交流研讨会暨第二届全国行政服务典型案例展示活动总结会上,准格尔旗抓实机关党建,推进"放管服改革,爬坡,越坎三措并举,力促政务服务优质高效"的做法被评选为全国百优政务服务案例。

(四)企业党建领域、非公经济和社会组织党建领域

中华人民共和国成立初期,准旗和全国一样实施单一计划经济体制,企业所有制形式以国有经济为主。党的十四大推进社会主义市场经济体制改革以来,特别是20世纪90年代后,准旗工业经济结构发生了巨大变化,完成了国有企业脱胎换骨式改造,民营经济得到了快速发展,形成了全旗工业经济新的支撑力量。目前,全旗工业经济已从单一的公有制经济转变为多种所有制经济共同发展,非公有制工业在全旗工业总量中所占比重达到75%以上。2018年深入推进"放管服"改革和"一站式"窗口服务,全年新增各类市场主体5231户,其中民营主体5181户。持续优化营商环境,经济发展活力得到进一步激发,民营经济占全旗经济总量的74.5%,占税收总额的63%。

准格尔旗现有自治区级开发区1个、市级园区1个,驻园企业101家,下辖党组织63个,党员1033人。近年来,以企业党建为重点和突破口,不断激发园区基层党组织战斗力、凝聚力和创造力,着力提升园区党建工作科学化水平,引领各企业依托产业规模、资源环境和功能定位优势,将园区打造成全旗经济转型和改革发展的主阵地,实现园区和企业发展互促共赢、健康发展。

"党建强,发展强。"准格尔旗秉承"党建领航,助推发展"的党建理念,大力实施"连心党建",充分发挥非公企业和社会组织中党组织核心

引领和服务发展功能,探索推行"132工作法"即"一核三联双推动",核心引领,联动发力,持续推动"两个覆盖"提质增效,提升企业创新发展能力和参与社会治理能力,党建工作与企业、社会组织发展协同推进。近年来,准旗形成煤炭、煤化工、煤电铝、陶瓷"四大产业集群",一大批民营企业蓬勃发展;各企业和社会组织积极参与社会治理,形成与地方共治共建共享的良好格局。企业和社会组织在稳定增长、促进创新、增加就业、改善民生等方面发挥着重要作用,成为推动经济社会发展的重要力量。全旗共建立非公企业和社会组织党组织134个,形成了"四建一提升"(大企业单独建、行业联合建、属地挂靠建、委派建和条件成熟提升建)的组建模式,不断扩大党组织的覆盖面。通过这些党组织,组建了爱心车队、扶贫救助、政策宣讲等特色志愿服务队152支,认领、实施各类服务项目2163个,开展各类活动130余次,受益居民4200余人。

二、坚持用科学的理论武装头脑,理论宣传教育卓有成效

(一)宣传工作

中共准格尔旗委员会宣传部成立于1950年11月。中华人民共和国成立70年来,旗委宣传部作为主管全旗宣传思想工作的工作机关,始终坚持党的路线方针政策,响应党的号召,紧紧围绕旗委、政府中心工作,不断唱响主旋律、传播好声音、弘扬正能量,团结带领各族群众为准格尔旗决胜全面建成小康社会、推动经济高质量发展提供了强大的精神动力、舆论支持和思想保证。近年来,旗委宣传部牢牢掌握意识形态工作主动权,各项工作成效显著。外宣方面:每年在中央级主流媒体刊播发各类稿件均在50篇以上,准格尔旗包子塔景区被内蒙古电视台选定为2018年内蒙古卫视春晚分会场。新媒体建设方面:旗委宣传部率先在内蒙古自治区开通政务微信"准格尔旗发布",鼎盛时期每周阅读量突破30多万,一度位列全国政务微信排行榜第二位,如今亦稳居自治区各大政务微信排行榜前列,荣获"今日头条"网的最具区域影响力政务头条号(区县)奖。理论宣讲方面:薛家湾镇核心价值学习讲堂、湖西社区"无声学习讲堂"和大路镇水芨花社区"惠堂"被评为自治区级示范讲堂;旗委讲师团荣获全区基层宣讲工作优秀组织奖。精神文明建设方面:2015年,把精神文明荣誉做实的典型经验被《人民日报》等中央主流媒体做了集中报道,在全国范围引起了较大反响。准格尔旗被中央文明办确定为全国农村精神文明建设工作示范点。2017年,准格尔旗成功获得"全国县级文明城市"荣誉称号。多年来,成功培育选树出中国好人榜好人刘显亮、全国道德模范提名奖获得者吕海英等一大批具有全国影响力的先进典型人物。

(二)干部培训工作

中共准格尔旗委员会党校始建于1958年12月,是培训、轮训党员干部的主渠道主阵地。1985年8月,内蒙古党委下发〔1985〕96号文件,批准准旗党校开办中等专业培训班,首届招收学员35名。1991年2月,开始兼办准格尔旗行政学校。改革开放以来,准旗党校先后培训各级干部10万余人次,圆满完成了各项培训轮训任务,很好地发挥了熔炉和阵地作用。准旗党校充分发挥自身教学优势,与组织部、宣传部、农牧业局等单位联合举办巡回宣讲,每年选派教学骨干深入全旗各乡镇苏木、村社区进行理论宣讲,培训内容包括党的方针政策、各级党委的重要会议精神、惠民富民政策、法律知识、科技实用技术等,累计培训干部群众6万余人次。此外,从1990年开始,准旗党校与伊盟党校、内蒙古党校、中央党校联办函授大专班、本科班。到2013年,函授招生工作接近尾声,先后毕业学员3000多名。2006年7月,准旗党校被内蒙古党校授予"全区党校(行政学院)系统科研工作组织奖";2010年6月,党校党支部被鄂尔多斯市委授予了"全市先进基层党组织"光荣称号。准旗党校的干部培训轮训工作,有效发挥了主渠道作用,得到了上级和社会各界的广泛好评。

三、坚持党对政法工作的绝对领导,维护法律尊严和社会公平正义,不断深化平安准格尔建设

中华人民共和国成立70年来,准旗政法各部门切实维护国家政治安全、确保社会大局稳定、促进社会公平正义、保障人民安居乐业。特别是党的十八大以来,准格尔严格执法、公正司法、全民守法深入推进,法治政府、法治社会建设相互促进,全社会法治观念明显增强。

(一)公安工作

准格尔旗公安局自1948年8月成立以来,始终秉承为人民服务的最高宗旨,始终坚持以群众安全感和社会满意度为工作落脚点,恪尽职守、不辱使命,在平安准格尔的建设中写下浓墨重彩的一笔。2016年12月7日,成功破获"2016－1102"公安部目标案件,该案是准旗公安局历史上毒品个案抓获犯罪嫌疑人最多、一次缴获毒品数量最大且又涉枪的案件。至2019年,准格尔旗公安局成立71年,命案全部告破,有效震慑了犯罪,维护了全旗社会治安稳定。近年来,被公安部授予荣誉称号4人,自治区党委政府授予荣誉称号7人,公安厅授予荣誉称号23人,10人荣立个人二等功,市局授予荣誉称号80人,96人荣立个人三等功,市级荣誉称号36人,旗级荣誉称号43人。

(二)检察工作

准格尔旗人民检察院成立于1955年7月,在党的领导下,始终忠实履行法律监督职责,着力维护社会公平正义,为准格尔旗经济腾飞、社会和谐稳定提供了强有力的司法保障。准旗人民检察院先后被自治区检察院授予"全区检察机关集体一等功""全区五好检察院""全区十佳检察院""全区人民满意的检察院""全区先进检察院"等称号;先后被最高人民检察院评为"全国检察机关八化建设'执法规范化、标准化'示范院""全国科技强检示范院",连续两届荣获"全国先进基层检察院"等荣誉称号。不断加强检察宣传,弘扬检察主旋律,形成了检察宣传综合效益,新媒体工作取得显著成绩。在由中央政法委、中央综治委共同主办的全国第二届平安中国微电影微视频比赛中,与旗纪检委合拍的微电影《一念》,被评为十大微电影奖、优秀剪辑奖,在第五届亚洲微电影艺术节上又荣获"金海棠"奖。2018年,与准旗5家单位联合出品防校园欺凌题材微电影《春泥》,首映以来取得良好的预防警示效果,浏览量已超16万次,获年度全区检察融媒体建设运营优秀原创作品奖。

(三)法院工作

1949年6月,准格尔旗人民法院成立。70年来,旗法院充分发挥审判职能,公正司法,司法为民,为巩固人民民主专政、保卫社会主义建设做出了巨大贡献。进入21世纪以来,旗人民法院坚持把法院工作放在全旗经济社会发展的大局中统筹谋划,司法公信力和司法亲和力明显加强。不断提升审判绩效,先后获评全国法院先进集体、全区法院行政审判工作先进集体、全区维护农村金融安全先进集体、全区法院"两评查"先进集体等多项荣誉。2018年,交通事故专业法庭荣获"全国法院先进集体",马桂英荣获"全国家事审判先进个人",斯琴荣获"全国法院办案标兵"。

(四)司法工作

中华人民共和国成立后,准格尔旗司法行政工作主要内容是开展法制宣传工作。自1981年准格尔旗司法行政机构成立以来,在准格尔旗党委、政府的领导下,为构建平安、和谐、富裕的准格尔发挥了有力的作用。通过普法依法治旗规划的实施,使公民的法律意识逐步增强,领导干部法治观念和依法决策、依法管理的能力逐步提高,行政执法人员依法行政和司法机关公正司法、维护法制的统一与权威、保护公民的合法权益的理念逐步树立,学校、家庭、社会"三位一体"的青少年法制宣传教育制度体系逐步形成,企业依法经营管理工作逐步加强,村民自治和居民自治制度逐步健全,初步实现从法律知识启蒙教育向提高全民法律素质的转变,从注重依靠行政手段管理向注重运用法律手段管理的转变。

2004年准格尔旗大路镇前房子村被司法部命名为"民主法治"示范第一村。2006年3月,准格尔旗司法局被司法部命名为全国法制宣传教育先进单位。"六五"普法成效显著,被评为全国法治宣传教育先进旗县;2011年、2016年,准格尔旗两度被中宣部、司法部命名为"全国法制宣传教育先进旗"。2013年4月,准格尔旗道路交通事故纠纷人民调解委员会调解员王智被司法部授予"全国模范人民调解员",2013年5月,准格尔旗法律援助中心和律师张瑞祥被司法部命名为"全国法律援助便民服务示范窗口"和"优秀服务标兵"。

四、各民族团结奋斗,共同繁荣发展

1948年,在中国共产党的领导下,获得解放的准格尔旗蒙汉人民建立了伊克昭盟第一个民族自治旗,圆满完成了土地改革和其他各项民主改革任务。历届党委、政府认真贯彻落实党的民族区域自治政策,带领全旗各族人民团结一心、共同奋斗,谱写出了准格尔旗民族发展史上辉煌灿烂的新篇章。进入新世纪,准格尔旗高举民族团结进步旗帜,牢牢把握"共同团结奋斗、共同繁荣发展"的民族工作主题,加强和改进新形势下民族工作,全面落实少数民族惠民政策,保障和改善少数民族群众生产生活,进一步巩固了民族团结进步创建成果。2012年,准格尔旗被命名为"全国民族团结进步创建活动示范旗";2014年,获"全国民族团结进步模范集体"荣誉称号。

除民族工作外,统战工作也开创新局面。准格尔旗着力打造"同心共梦助发展"统战工作品牌,加强政治引领,注重工作创新,党外、非公经济、民族宗教、侨务等各领域工作扎实推进,统一战线各界人士积极建言献策,为旗委、政府科学决策提供重要参考,各项工作呈现出开拓进取、团结和谐的良好局面。

中华人民共和国成立以来,70年的历史实践证明,准格尔旗的巨变来自党的路线方针政策的指引,来自党的建设提供的不竭思想动力和组织保障。70年之后的实践还将证明,党旗辉映下的准格尔大地必将更加辉煌灿烂,准格尔的明天会更加美好!

文化兴盛准格尔

中华人民共和国成立后,为了满足人民群众日益增长的精神文化需求,旗委、政府在促进经济发展的同时,全力推进公共文化事业建设,经过70年的奋斗积累,今天准格尔旗的文化事业已经发生了翻天覆地的变化,取得了令人瞩目的成就。2005年被文化部授予"全国文化先进旗"荣誉称号。2016年准格尔旗被列为全市首批创建公共文化服务标准化示范旗,同年成功申报为"中华诗词之乡"。2017年7月被鄂尔多斯市人民政府公布为第三批市级民间文化艺术之乡。

一、公共文化服务体系初具规模

中华人民共和国成立初期,在旧社会公共文化机构一片空白的基础上,旗委、政府克服各种困难,陆续组建了文化馆(初建于1951年)、图书馆(1951年)、新华文具店(1950年)、电影放映队(1956年)、准格尔有线广播站(1958年)、青年文艺宣传队(1950年)等文化机构团体,积极为人民群众服务。

改革开放后,准格尔旗的文化基础设施依然相对落后,受经济条件制约而长期得不到改善。进入新世纪,特别是党的十八大以来,旗委、政府不断加大文化基础设施建设力度。时至今日,准格尔旗已建成国内一流水平的图书馆、文化馆、博物馆、文化艺术中心、新闻会展中心;建设了13个苏木乡镇街道文化站、29个社区综合文化活动中心、152个嘎查村标准文化室、55个自然村文化室、10个小区文化室、64户文化户;同时组建了14支文化馆(站)文艺队、13支数字电影放映队,并配备了174名有财政补贴的文化管理员,已构建起旗、乡、村、户四级公共文化服务网络,群众性文化活动得以广泛开展。2018年准旗图书馆被评为国家县级一级图书馆。

二、文化市场和文化旅游产业蓬勃发展

准格尔旗得天独厚的自然与人文资源,为发展文化旅游产业提供了资源优势。改革开放40多年来,准旗的文化旅游事业蒸蒸日上,为丰富群众文化生活,提升准格尔知名度发挥了重要作用。尤其是党的十八大以来,准格尔旗文化市场和文化旅游产业发展速度明显加快,网络、游戏、动漫、流媒体等新兴文化产业迅速崛起,经营性文化产业初具规模,群众文化生活日益丰富。目前准旗有文化产业经营单位近300家,从业人员2000多人。

近年来,准格尔旗立足自身资源和区位优势,围绕"漫瀚文化、黄河峡谷、沙漠风情、民俗生态"等特色旅游产品,高起点规划、高强度投入、高标准建设、高效能管理、全方位推介,推进"全域旅游""四季旅游""旅游+",倾力打造以黄河大峡谷为核心的黄河风情旅游度假带,以准格尔召庙、油松王为主的民俗祭祀游,以库布其沙漠汽车赛事为首的沙漠体育运动游,以黑岱沟露天煤矿开采为主的现代工业体验游,以百里长川、龙口为代表的特色小镇美丽乡村游,大力发展旅游特色镇、旅游示范村、典型农(牧)家乐,初步构建了"一带四游、多点支撑"的旅游发展格局。

目前,全旗有黄河大峡谷、准格尔召庙、油松王、水镜湖、库布其沙漠神泉5个国家AAAA级旅游景区,打造了龙口镇、布尔陶亥苏木、松树塆村和兴胜店村4个全国特色景观旅游名镇名村,2个自治区级特色景观旅游名镇名村(准格尔召镇、长滩村),1个全国美丽宜居示范村(小滩子村),1个中国传统古村落(杜家峁村),8个市级乡村旅游示范村(尔圪壕、兴胜店、黑圪涝湾、大口、小滩子、巴润哈岱、长滩、杜家峁),20个旗

级美丽乡村,发展农、牧家乐123户,其中,自治区星级乡村旅游接待户6个、市级典型示范户13个。建设准格尔客运站游客集散中心,发展星级酒店2家、旅行社5家。培育国礼瓷、准格尔地毯、高原杏仁露、农香丰、十里长香、海红酒、名道纯等旅游商品,其中准格尔旗国礼瓷——四套蒙古茶酒具产品在第17届国际旅游交易会上荣获中国特色旅游商品陶瓷类金奖。打造乡村文化旅游节、那达慕大会、漫瀚调艺术节、杏花节、油菜花节、西瓜节等文化旅游节庆品牌,为地区旅游及经济社会持续健康发展注入了鲜活的动力。2016年8月,为期10天的"准格尔旗乡村文化旅游节暨首届那达慕大会"吸引了来自全国各地的27万游客,拉动各类消费达1.62亿元。

三、文化遗产保护成效显著

准格尔旗历史悠久,文化底蕴深厚,蒙汉杂居的文化交融与发展,形成了游牧文化、农耕文化、黄河文化、漫瀚调艺术文化、宗教祭祀文化、红色革命文化等丰富多彩、独具特色的地域文化。

改革开放后,准旗对传统文化的保护与传承工作高度重视,划拨专项经费,成立专门机构开展此项工作,取得了显著成效。旗委、政府高度重视"漫瀚调"艺术的收集整理研究推广工作,把它作为第一文化品牌系统挖掘,精心打造。经过旗内外广大文艺工作者的共同努力,1996年11月准格尔旗被国家文化部命名为"中国民间艺术(漫瀚调)之乡"。2016年准格尔旗被内蒙古自治区文化厅等四部门评为全区文物工作先进集体。

(一)物质文化遗产保护日益加强

据第三次全国文物普查统计,准格尔旗境内不可移动文物总计220处,其中有国家级重点文物保护单位4处,自治区级11处,市级9处。此外,境内经公布的长城有战国秦汉长城遗迹125段(处),北宋烽燧25处,明长城遗迹5段(处)。博物馆收藏可移动文物1008件(套),其中一级文物1件(套)、二级文物27件(套)、三级文物61件(套)。庙塔石窟寺和城塔墓群皆被列入"内蒙古自治区第三次全国文物普查二十大新发现"和"第三次全国文物普查百大新发现"。2006年,十二连城遗址被国务院公布为国家重点文物保护单位。2013年,准格尔召(准格尔召镇准格尔召村)和寨子圪旦(薛家湾镇百草塔村)遗址被国务院公布为第七批国家重点文物保护单位。

(二)非物质文化遗产保护与传承成效显著

准格尔旗拥有漫瀚调、骡驮轿、灯游会、油松王祭祀、准格尔召经会等旗级以上非物质文化遗产23项。"漫瀚调"是准格尔旗最亮丽的文化名片。

准格尔旗地处晋陕及内蒙古交界,独特的地域优势与深厚的文化底蕴孕育出了一朵艳丽的民间艺术奇葩——漫瀚调,它以蒙古族民歌为基调,汉族唱法为风格,具有极强的民族特色和地方特点。漫瀚调艺术的发展,与准格尔人民的生产生活密不可分、相依相伴。这片热土培养了众多优秀的漫瀚调歌手。1955年,在第一届全国民族民间艺术音乐舞蹈戏剧观摩演出大会上,准格尔旗漫瀚调歌手改利古以一曲《乌苓花》获得了个人一等奖。漫瀚调从此登上大舞台。1964年,漫瀚调歌手张美蓉、奇二秃在北京参加了全国业余文艺会演,这是漫瀚调首次在北京唱响,张美蓉等受到党和国家领导人的亲切接见。在国家文化部与中国音乐家协会举办的第一届、第二届全国农民歌手大奖赛中,准格尔旗漫瀚调歌手杨锁柱、杨毛毛都以较强实力获得奖项。准旗几代文艺工作者呕心沥血,深入基层收集、整理、研究漫瀚调词曲,为保护和传承漫瀚调这一国家级非物质文化遗产、弘扬民族文化做出了积极贡献。

改革开放后,准旗漫瀚调艺术发展迎来了新的春天。1982年4月,伊克昭盟文化处在沙圪堵镇举办了全盟民歌会演,这是"文化大革命"后伊克昭盟首次举办的大型民歌演唱活动,准旗歌手演唱的漫瀚调引起了轰动效应。1986年至1988年,旗文化局连续3年举办全旗农牧民漫瀚调艺术大奖赛,群众参与积极性很高,一批优秀歌手脱颖而出。从1997年开始,准格尔旗决定每3年举办一届漫瀚调艺术节,成为全旗人民及周边群众文化生活的一个盛大节日,同时也成为准旗与各方合作交流、共同推进经济文化建设的平台。截至2019年,准旗人民政府已连续举办8届漫瀚调艺术节。

进入21世纪以来,准格尔旗制定出台了文化艺术乡土人才选拔管理办法,设立了文化艺术乡土人才政府津贴,组建了漫瀚调艺术研究所和民间文化研究促进工作组,为传承、研究、发展、繁荣全旗各类非物质文化遗产创造了良好环境,也进一步发扬光大了漫瀚调这一宝贵的民间艺术文化。国家一级编剧、中国戏剧家协会会员张发,多年从事漫瀚调的研究、保护、传承、发展工作。其代表作有漫瀚调歌剧《双山梁》《纳林河畔》,文学著作《放歌漫瀚调》《相亲》等。2005年,张发被评为全国文化系统先进工作者。蒙古族农民歌手奇附林是非物质文化遗产漫瀚调国家级代表性传承人、中国民间文艺家协会会员,被授予"中国民间文化杰出传承人""西部歌王""百灵歌手"等荣誉称号。他凭着洪亮、清脆、憨厚而带有浓郁山野风格的漫瀚调演唱闻名全国,对提升漫瀚调艺术知名度做出了特殊贡献。2007年6月,漫瀚调被自治区人民政府确定为第一批区级非物质文化遗产;2008年6月,漫瀚调经国务院批准列入第二批国家级非物质文化遗产名录。2015年,在第七届准格尔漫瀚调艺术节上组织的"千人同台吟唱漫瀚调"成功申报为世界纪录项目;准格尔旗首部以国家级非物质文化遗产为主题的电影《漫瀚调》,被列为2015年中法文化交流自治区投送两部电影作品之一,并参加了戛纳国际电影节;该片在2016年第13届世界民族电影节上荣获最佳原创音乐奖、最佳影片提名奖;在第十一届自治区艺术"萨日纳"奖评选中,荣获最佳编剧、最佳故事片及最佳导演奖。漫瀚调音乐剧《牵魂线》2017年获国家艺术基金资助,2018年在全国优秀音乐剧展演精彩亮相,2019年7月斩获自治区第十四届精神文明建设"五个一工程"奖。

四、文艺队伍逐步壮大、文艺创作日益繁荣

改革开放40多年来,准格尔旗文艺工作者解放思想、深入基层,创作了许多贴近生活、贴近群众、贴近实际的优秀文艺作品。特别是党的十八大以来,旗委、政府精心组织筹划漫瀚调艺术节、杏花节、那达慕大会以及灯游会、庙会、敖包祭祀等传统特色文化活动,不仅丰富了全旗各族干部群众的文化生活,也使准格尔的文艺创作更加积极活跃,文艺队伍更加意气风发。

2012年至今,乌兰牧骑创作的舞蹈、小品、小戏、器乐等文艺作品获国家级大奖6项,自治区级大奖28项,市级奖项31项,连续两届获得鄂尔多斯市专业艺术团体文艺汇演金奖。舞蹈《白泥窑记忆》荣获全区"五个一工程"优秀作品奖。原创舞蹈《骑着马儿过草原》参加第十二届全国舞蹈展演,改编戏曲《牵魂线》《海红酸海红甜》参加了江苏昆山举办的2018年戏曲百戏盛典。2017年准旗乌兰牧骑走出国门,赴印尼参加了第七届"波罗浮屠"国际艺术节。一批具有准格尔地方特色,展现社会主义核心价值观、中国梦、全面建成小康社会等内容的精品力作脱颖而出。戚志敏的书法作品2014年获得由中国文联、中国煤矿文联主办的《我们的中国梦——全国优秀艺术作品展览煤矿职工美术书法摄影精品展》十佳书法作品"乌金奖",由中国文联主办的庆祝新中国成立65周年全国产(行)业文联书法作品精品展最佳作品奖;2017年参加由中国文联、中国书法家协会主办的"中国精神、中国梦——社会主义核心价值观书法作品创作暨全国基层巡展活动"。王玉科的摄影作品《不灭的酥油灯》2017年荣获平遥国际摄影大展优秀摄影师奖;2018年荣获亚洲一带一路国际摄影大展"行摄大师"最高荣誉奖、亚洲一带一路国际摄影大赛"金华表"彩色类金奖。2019年4月7日,在第十六届世界民族电影节上,由旗委宣传部参与摄制的影片《母亲的肖像》斩获最佳导演奖。反映准格尔旗新农村建设题材电影《回乡种田》入选建国65周年献礼影片。

五、档案史志事业厚积薄发

改革开放以来,准格尔旗档案史志部门为党管档、为国存史、为民修志,丰富馆藏档案,挖掘文献资源,从厚积薄发到走向前台,出版了档案、党史、地方志系列编研成果,传承了本土历史根脉,讲好了本土人文故事。

全旗第一部地方志书《准格尔旗志》(内蒙古人民出版社1992年4月版),上溯至可考的秦汉时期,下限至1990年末,起凡例、立篇目,横陈内容,纵述始末,全面系统记述了准格尔旗自然、政治、经济、文化、社会的历史和现状,1994年11月获伊克昭盟第四届哲学社会科学优秀成果奖。第一部历史档案汇编《准格尔旗扎萨克衙门档案译编》,2007年起陆续由内蒙古人民出版社以汉译、影印两种版本出版,记录了18世纪到20世纪初准格尔旗往来的公文,为研究蒙旗政治制度、经济形态、宗教信仰、社会民生提供了翔实权威的第一手史料。第一部人物通志《准格尔人物志》(中国文史出版社2017年7月版),贯通古今杰出人物、荟萃内外精英人脉,入志上千人,成书百万言。地方党史画册《红色准格尔》(中共党史出版社2011年6月版),第一部地方党史读物《中国共产党准格尔旗历史读本》(中共党史出版社2010年8月版),2016年3月分获内蒙古优秀党史成果著作类三等奖和最高成就奖;《中国共产党准格尔旗历次代表大会文献选编》(中央文献出版社2016年10月版),2016年3月获内蒙古党史优秀成果著作类优秀奖。

此外,由杨玉铭同志主编的专著《准格尔旗旧志稿》(华夏出版社2009年10月版)、发表论文《木兰花开准格尔》(中国人文社会科学核心期刊《中国地方志》2009年第9期),两获内蒙古自治区第三届哲学社会科学优秀成果政府奖二等奖,这是准格尔旗在该领域获得过的最高奖。

主编的专著《西部热土准格尔》(内蒙古人民出版社 2007 年 7 月版),2010 年 8 月获内蒙古党史优秀成果奖,2011 年 10 月获鄂尔多斯市第二届哲学社会科学优秀成果奖三等奖。《准格尔旗年鉴》(1991－2018 年)全部出版发行,《准格尔地区史》(韩来福编)已撰修完成 100 万字。

和风劲吹准格尔

中华人民共和国成立初,准格尔旗总人口为 102054 人。在党的领导下,蒙古族、汉族与各民族弟兄,走上了共同繁荣发展的道路,各民族安居乐业,人口逐步得到发展。1953 年第一次人口普查时,总人口为 11.75 万人;1982 年第三次人口普查时,准格尔旗总人口 20.09 万人。党和政府实行发展少数民族人口的政策,1990 年,蒙古族人口已由 1949 年的 6785 人发展至 19116 人。2018 年末全旗常住人口为 37.61 万人,其中,城镇人口 25.89 万人,乡村人口 11.72 万人,城镇化率 68.84%。年末户籍总人口为 33.07 万人,比上年末增加 0.21 万人。

经济建设的发展,人民生活的提高,也带来文化、教育、卫生、科技和社会保障事业的发展和繁荣。

一、教育事业长足发展

中华人民共和国成立前,准格尔的教育以官办小学和私塾为主,全旗只有 3 所小学,学生 50 余人。在当时的历史条件下,人民生活困苦不堪,再加战争持续不断,绝大多数普通农牧民人家的子弟没有接受教育的机会,到入学年龄无法上学只能沦为文盲。

中华人民共和国成立后,中国共产党高瞻远瞩,立即着手恢复和发展准格尔旗的教育事业,首先接办了濒临倒闭的同仁学校(该校由蒙古贵族出身的民主进步人士奇子俊于 1930 年创办),改称杨家湾小学,学校设 3 个年级班,以汉语授课,加授蒙古语,学生一律按公费待遇。同年

6月，准旗人民政府设立了教育科，当时全旗仅有小学教师11人，且部分是旧职人员。1951年，杨家湾小学发展为一至五年级的完全小学。1953年，该校汉生转入他校，成为纯蒙古族小学，改称为"准格尔旗蒙古完全小学"，有学生200余人，教师20人，校长弓文英。

1949年，准格尔旗开始改造旧私塾，新建学校。至1952年，在沙圪堵、纳林等地建成12所完全小学；在暖水、榆树湾等地建成14所初级小学；另有民校46所。广大翻身农牧民踊跃进校求学，甚至十八九岁的青年，也在二、三年级就读。与此同时，轰轰烈烈的扫盲运动也在全旗展开。1952年，全国兴起扫除文盲运动，准旗各地普遍办夜校、冬学。1958年，扫除文盲形成高潮，参加学习的人员达3万名。1978年后，各乡村又开始配备扫盲干事，每村都定时组织青壮年参加文化班学习。1989年后，全旗28个乡镇普遍开展扫盲活动，办了572个扫盲班，2549人脱盲。到1990年，全旗15~40岁的青壮年8.91万人，非盲数8.15万人，非盲率达92％。

1956年，准旗首次招收初中学生2个班106名，附设于杨家湾蒙古完校；1957年，准旗第一所初级中学准格尔中学（准旗第一中学前身）正式在沙圪堵建校。

"文化大革命"开始后，学校"停课闹革命"，1968年复课后，上课没课本，只能专读毛泽东著作，批斗之风和过量的学校及社会劳动，严重影响这一时期各个学校的教育秩序。不过，这一时期准旗的榆树湾"八二五"学校却因勤工俭学办学和教学质量高而蜚声内蒙古教育界。1965年至1975年，陈宽厚校长带领榆树湾"八二五"学校全体师生勤工俭学，改善办学条件，先后创办木工、烧砖、石灰、造墨水、粉笔、油漆、印刷、种植、养殖等校办工厂、农场，通过勤工俭学积累资金，免除全校学生的学费、杂费、书本费等，打造了内蒙古有名的"工农兵联合管理学校"教育品牌。榆树湾"八二五"学校先后被评为全旗、全盟和内蒙古教育系统的先进单位,多次承办各级教育工作现场经验交流会。陈宽厚本人被提任为内蒙古自治区教育厅副厅长,是内蒙古自治区学习毛主席著作积极分子和五好职工标兵。

1977年后,教育事业经过全面整顿,开始健康稳步地发展。准格尔旗小学校数、班级和学生、教师数都呈上升趋势。1978年以后新建了五中、六中、七中。1985年,全旗有小学322所,其中公办学校69所,村社集体民办小学246所。1986年,准旗率先在全盟完成了普及初等教育任务。之后利用6年时间,本着"先小学、后中学""先乡村、后城镇"的原则,狠抓各级各类学校办学条件的改善,为普及九年义务教育奠定了坚实的基础。

1991年初,准格尔旗教育局制订了"普九"实施计划,并在哈岱高勒、薛家湾、沙圪堵"一乡两镇"进行初等义务教育试点工作。1992年,依法宣布在全旗28个乡镇全面实施初等义务教育。准格尔旗旗委政府加大对教育的投入力度,使"普九"教育和扫盲工作取得显著成果。2001年11月,准格尔旗"两基"达标工作顺利通过自治区人民政府验收,完成了这项具有里程碑意义的教育任务。

进入21世纪,准格尔旗地方经济快速发展,财政收入大幅增长,教育事业得到优先发展。随着全旗产业结构调整,城镇化建设步伐加快,加之矿区移民、生态移民的实施,大量农村人口向城镇、工业园区、工业重镇聚集,对此,准旗于2001年、2005年两度进行了行政区划设置改革,全旗由27个乡镇撤并为9个乡镇。为适应改革发展需要,解决城镇人口迅猛增长带来的城镇中小学、幼儿教育资源严重短缺、班容量过大等问题,从2004年起,旗人民政府加大投入,加快学校布局调整步伐,大力改善办学条件,取得了巨大成就。仅2006年、2007年两年全旗教育体育基础建设总计投入2.5亿元,新建学校3所、扩建20所、续建5所,为全旗中小学生逐步更新电脑及其他电教设备、陆续开通了远程教育网,实现了教育信息化、网络化。

教育体系日趋稳定,师资力量日益雄厚。经过改革开放40多年的建设发展,准格尔旗的教育体系日臻完善,基本形成了学前教育、小学教育、初中教育、高中教育以及民族教育、职业教育相辅相成的教育格局。全旗高中、初中、小学、幼儿教师学历合格率由1991年的34.3%、60.5%、87.9%、54.8%均提高到100%,教师队伍的专业化水平得到全面提升。

截至2017年底,全旗有公办中小学、幼儿园75所,注册民办幼儿园5所;有教职工5000多人、在校生60000多人。各类教育都取得了丰硕成果。

学前教育走在前列,义务教育均衡发展。2004年至2017年,新建幼儿园27所,迁建幼儿园3所,扩建幼儿园4所,总投资约4亿元。全旗建成自治区级示范园6所、市级示范园5所。公办园幼儿入园总人数占全旗入园人数的94%,入园率居全区之首。2014年,准旗7所幼儿园被指定为国家早教试点实验基地。学前教育总体发展水平居全区首位。2012年至2014年,准旗加快推进义务教育均衡发展,力求实现教育公平。旗委政府加大经费投入,认真落实"四免一补"政策,对外来务工人员子女就学实行"同城待遇",严格执行划片招生和阳光分班政策,均衡配置教师、学生、设备、图书、校舍等资源,城乡、学校间差距进一步缩小。普通高中办学水平显著提升。新课程改革全面推进,高考升学率和考入全国重点大学人数逐年增加,世纪中学被评为自治区级示范高中。2015年10月,准旗顺利通过了国家县域义务教育均衡发展督导评估验收。

职业教育方兴未艾。2013年本旗完成了职业高级中学的搬迁工作,启动了实训基地建设,职业教育规模逐步扩大,校企合作初见成效,"十二五"期间共培训下岗职工、农村剩余劳动力、企业职工、转岗人员以及社会从业人员5000余人次。

民族教育坚持优先发展。准旗人民政府优先重点发展民族教育,逐年加大民族学生住宿及伙食补贴力度,办学条件逐步改善。在课程设置上,民族中小学在开足开齐大纲要求的各门课程的同时,由"双语"教学发展为"三语"教学,以汉语为主,加授蒙语和英语。2000年至2016年,准旗人民政府为改善民族中小学、幼儿园办学办园条件,累计投入1.16万元,先后为准旗民族中学、蒙古族学校、布尔陶亥民族小学、准旗民族幼儿园新建教学楼、宿舍楼、餐厅,修建体育场地,充实电教及网络设备,同时新建了准旗民族小学、准旗民族幼儿园和薛家湾民族幼儿园。民族学校教育教学质量稳中有升。

二、科技成果助推经济发展

中华人民共和国成立后,在党的坚强领导下,准格尔旗的农业科技工作总体上取得了较好的成绩,充分发挥了农业科研机构和科研人才的作用,形成了一批在省内乃至国内具有影响的农业科技成果,在促进农业农村经济发展和农民增收致富方面发挥了重要作用,产生了巨大的经济效益和社会效益。

农学专家魏仰浩长期从事糜黍育种、栽培、品种资源研究。他整理地方品种,培育出东胜二黄糜、杭锦旗小白黍、准格尔旗紫秆红黍等品种,其中东胜二黄糜列入全国《1949－1979年糜黍品种育成》序列。1979年秋,魏仰浩培育的糜子新品种"内糜2号"获得成功。60天即可成熟,比同类日期糜子增产20%。他先后育成粟糜稷品种10多种,主持了全国糜黍育种区域试验协作组工作。他的专著《糜子的育种与栽培》,1980年由内蒙古人民出版社出版,是国内第一部关于糜子的专著。魏仰浩多次被评为自治区、伊克昭盟劳动模范;1983年7月,被国家民委、劳动人事部、中国科协评为少数民族地区先进科技工作者;1986年5月,中华全国总工会授予他"全国优秀科技工作者"称号和"五一劳动奖章";1992年起,享受国务院颁发的政府特殊津贴。

20世纪80年代,"秋小麦"研发专家王林在准格尔旗干旱的梁峁山区进行旱地小麦种植试验取得成功。由他推广种植的"秋小麦"一举解决了准旗干旱的梁峁山区农民祖祖辈辈吃面难的问题，改善了农民生活，提高了农民的经济收入，为我国北方地区细粮旱作闯出了新路。1987年12月，王林荣获内蒙古自治区丰收奖银马奖；1990年12月，获内蒙古自治区科技进步三等奖。

准旗著名的果树专家傅天金在纳林果园工作期间，致力于果树品种改良，通过嫁接培育，成功引进苏联褐色海棠果、美国"金矮生"大苹果等40多个果树新品种，为准格尔旗果树产业和农民庭院经济的发展做出了重要贡献。1977年，他嫁接培育的苹果梨，成为敖靠塔果园的龙头产品；1979年，他引种的日本"富士"苹果，一株产量高达72.5斤；1980年，他引进的"大金星"山楂，填补了内蒙古自治区西部地区无山楂种植的空白。1983年7月，傅天金获国家民族事务委员会、劳动人事部、中国科学技术协会颁发的少数民族地区长期从事科技工作荣誉证书。

随着城乡经济体制改革的不断深入，"科学是第一生产力"越来越被人们所认同。早在20世纪90年代初，准旗就积极实施"科教兴旗"战略，重点依托中国农科院和科技部首都科技集团，加快科教兴农、兴工进程，使经济发展真正转移到依靠科技进步和提高劳动者素质的轨道上来。1990年，全旗有各类专业技术人员3511人，通过逐年专业技术评聘，有2823人获得专业技术任职证书。其中有高级职称的25人，中级职称的542人，初级职称的2256人。从1978年至1990年全旗共有17项技术成果获奖。其中有13项获内蒙古自治区或伊克昭盟奖励。

"九五"以来，全旗实现科技总投入3亿元，推广技术项目200多项，成立伊东产学研基地和煤转化、高岭土、果品、小杂粮、伊泰煤制油5个技术研发中心。全面推广新型冬暖式日光温室推广应用技术和机械化旱作农业节本增效工程这两项涉农项目，保护地蔬菜种植面积达11000多亩（1亩≈666.67平方米），增产1000多万公斤。"十一五"期间，财政科技支出5年翻了近三番。建成国礼陶瓷等4个国家级陶瓷研发基地，成立了大路煤化工产学研创新基地、煤化工研究所等7家科研机构和中国农大现代生态农牧业技术试验示范基地，地区可持续发展能力不断增强。"十二五"期间，准旗加大科技创新力度，旗财政累计投入科技经费2.76亿元，成为全国科技进步先进旗和全国科普示范旗。

近年来，准格尔旗全面贯彻落实习近平总书记考察内蒙古系列重要讲话精神，深入推进供给侧结构性改革，举全旗之力打造煤炭、煤化工、煤电铝、陶瓷四大产业集群，以项目吸引、培育和壮大人才，以人才带动、孵化和拓展项目，在全社会努力营造"人才是第一资源"的理念，打造"智'惠'准格尔"人才工作品牌。目前，全旗人才总量达5.06万人，共有获评享受国务院特殊津贴专家3名、全国技术能手10名；获评自治区"草原英才"11名，优秀科技工作者、技术能手8名；获评全市唯一一名自治区"草原英才"工程领军人才；全旗共建成国家级博士后科研创新工作站1个、重点实验室4个、企业技术研发中心3个、技能大师工作室1个；自治区级高层次人才创新创业基地3个，产业创新人才团队7个，企业技术及研发中心10个；市级高层次人才创新创业基地4个，产业创新人才团队6个。逐步形成了产业升级与人才发展良性互动的局面。2018年，新增授权专利108项，国电晶阳、中钰泰德、伊东东屹、易高煤化4家企业通过高新技术企业认定。科技进步对经济发展贡献率达到53%，成为全国首批启动建设的创新型县(市)。

三、医疗卫生服务能力显著提升

中华人民共和国成立前，准格尔旗没有完善的医疗机构和设施，只是在人口比较集中的长滩、暖水、五字湾、纳林等集镇有个人开设的诊所和药铺，以及部分寺庙有喇嘛医生。鼠疫、天花等传染病肆虐全旗，甲状腺肿、氟中毒等地方病发病严重。面对各种疾病，人民群众的生命健康得不到任何医疗保障。

中华人民共和国成立后，旗人民政府迅速组建了医疗机构，于1949年在沙圪堵镇成立了"保健药社"，负责全旗防疫、药品及医疗器械采购、患者治疗等多项工作任务。当时药社有7名职工，设2张病床，并于次年开始肌内注射、静脉输液等简单西医治疗技术的临床使用。

1952年，保健药社改建为准格尔旗人民医院。同年，对个体医生和私人药铺进行社会主义改造，利用原从业人员在全旗14个行政区成立了诊疗所。1953年，以区为单位，通过培养新人和改造旧接生婆，全旗共发展村级接生员106人、卫生员46名。全旗三级医疗卫生服务机构初步形成。

在当时缺医少药的历史条件下，全旗人民积极响应党的号召，一致行动起来向危害准旗人民健康多年的各种传染性疫病宣战，在短期内就取得了旧社会想都不敢想的重大胜利。20世纪50年代，准旗基本防治了麻疹、炭疽、性病、流感、伤寒、痢疾、百日咳、猩红热等流行性疫病，彻底根除了鼠疫，群众性的爱国卫生运动得到广泛开展。

1956年，准格尔旗成立了医药公司；1958年，相继成立了卫生防疫站和妇幼保健所；1959年，又成立了中医研究所；1981年，撤并原大饭铺地区医院和沙镇城关医院，建立了准旗中蒙医院。

基层医疗卫生事业也在不断向前发展。乡、村两级医疗机构在不同历史时期虽然有过多次调整变化，但基本框架没有改变。1964年，全旗公社卫生院和各所属卫生所更变为25个公社卫生院，国家不定期给予资金扶持，用以购置设备、修缮房屋。1972年，国家陆续派天津、包头、东胜等地的"六二六"医疗队人员充实各公社卫生院，无偿调拨医疗器械，补助下派人员工资，改建扩建建筑设施，极大地提升了公社卫生院的医疗服务水平。1983年，公社卫生院改称乡卫生院。

从1953年开始，准格尔旗有了村卫生员，他们以"半农半医"的身份，尽心尽力为普通农牧民服务，满足了大多数群众的初级医护需要，深受人们的尊敬和信赖。1970年,暖水公社阳塔大队率先实行合作医疗制度,保健员改称"赤脚医生"。1985年,准旗原291名"赤脚医生"经统一考核,有260名获"乡村医生"证书。1990年,乡村医生大多分散为个体行医,只余5个集体办医疗室。乡村持证开业人员384人。

到1990年全旗有旗、乡、工矿医疗卫生单位33个,其中有中蒙医院1所。村级医疗机构229个,医疗技术人员626人,设病床500张。医疗技术的提高,卫生事业的发展,使人民健康得到保障,传染病得以消灭。甲状腺肿、氟中毒等地方病得到控制。1997年,旗人民医院被评为二级丙等医院,中蒙医院被评为二级甲等医院,有4所卫生院被评为一级丙等医院。

进入21世纪以来,准旗医疗卫生事业蓬勃发展,改革建设步伐越走越快,服务水平越来越高。新建了旗级医院大路医院,迁建了旗人民医院、旗中蒙医院,改造了旗中心医院;各基层卫生院、社区卫生服务中心也根据撤并乡镇后的布局调整重新加以规划建设,面貌焕然一新;社区卫生服务站、村卫生室从无到有,全部实现了标准化,极大地方便了群众就近看病。仅2015年至今,旗人民政府就累计投入约5.52亿元,新建、维修、改扩建基层卫生院、社区卫生服务中心11所,基层卫生院基本配齐了"新三大件"(彩超、DR、全自动生化分析仪),并实现了远程医疗,技术水平日益提高。

各项卫生惠民政策全面落实。2004年准旗启动实施新型农村合作医疗工作;2010年,全面实行药物零差率销售。2011年,准格尔旗统一城镇职工、城镇居民、农村居民医疗保障政策,实现城乡基本医疗保障全覆盖;2011年启动了数字健康工程,建立旗域卫生信息平台;各级医疗卫生单位实现医疗服务"一卡通";2013年,在全旗范围内推行"先看病后付费"制度,开展新农合、医保和医疗救助"一站式"服务。通过多年的努力,群众看病难、看不起病的问题已切实得到解决。

从 2015 年 4 月起,准旗探索推行旗级公立医院直管基层卫生医疗机构改革,由 4 家公立医院全面直管 14 个基层卫生院、6 个社区卫生服务中心、7 个社区卫生服务站、127 个村卫生室,建立了旗级公立医院与基层医疗卫生机构之间双向转诊、优势互补、资源共享的协作机制,实现了旗乡村医疗卫生一体化管理。2017 年全旗人均公共卫生服务经费达到 50 元。14 类国家基本公共卫生服务项目免费向全民提供,并将 40% 公共卫生服务下沉至村卫生室。

四、社会保障水平稳步提升

随着准格尔旗经济实力的日益增强,旗委、政府更加注重和谐发展,把关注民生放在突出位置,逐步建立起了城乡统一的养老、医疗、低保、上学、就业救助制度。

进入 21 世纪以来,准旗在全区率先免收农牧业税费,启动农村低保和失地农民养老保险;率先实行新型农村合作医疗、城镇无业居民合作医疗和配套的大病救助制度,城乡医保、低保实现全覆盖;率先为 60 岁以上农村老年人和城镇无业老年人按年龄段发放交通补贴、生活补贴,为离任村干部、60 年代精简退职人员发放生活补贴,为原国有、集体和二轻转制企业下岗人员代缴养老保险,发放生活补贴;率先为 35 周岁以上准旗籍居民免费体检;率先实行义务教育、普通高中、职业教育"四免一补"。旗委、政府集中财力用于改善和保障民生,使准旗的社会保障走在了全区乃至全国西部前列,成为中国最关爱民生县之一。"十一五"期间,全旗民生总投入 116 亿元;"十二五"期间,全旗累计完成民生投入 253 亿元,占财政总支出的 66.6%。2018 全年用于民生和社会事业支出达到 75 亿元,占财政总支出的 85%。

旗委、政府实施的一系列符合地区实际的弱势群体扶助政策,使群众对美好生活的获得感、满意度显著增强,社会大局和谐稳定,群众幸福指数不断提升。2018 年,准格尔旗荣登全国幸福百县榜第 15 位。

绿色遍染准格尔

准格尔旗地貌以丘陵沟壑为主,但旗境北部分布有库布其沙漠尾端和黄河冲积平原,故有"七山二沙一分田"之说。由于历史上的乱垦、滥伐、滥牧,中华人民共和国成立初期,准格尔旗已无大面积的天然森林,植被稀疏,森林覆盖率仅为8.4%,风沙侵蚀和荒漠化严重,水土流失面积7114平方千米,占总面积的92.5%。㼆牛川、纳林川、百里长川和2.4万个大小毛沟每年向黄河输入泥沙达1亿吨以上,成为黄河中上游地区重要的输沙源之一。

恶劣的自然条件和脆弱的生态环境直接影响着人民群众的生产生活,制约着经济社会的健康发展。为了改变这种状况,中华人民共和国成立70年来,在历届党委、政府的带领下,准格尔旗各族干部群众不畏艰难、苦干实干,为治理生态环境做出了长期不懈的努力,也为今天准格尔旗的生态文明建设奠定了扎实的基础。

第一阶段(1949-1978年)

中华人民共和国成立初期至改革开放前,为了改善农牧业生产条件,促进农牧业增产增收,准格尔旗相继设立了林业、水土保持等工作机构,全旗的生态建设工作由此拉开序幕。这一阶段以集体治理为主,全旗广大干部群众发扬艰苦奋斗、无私奉献的集体主义精神,积极开展植树造林、治山治水等活动,取得了丰硕的成果,涌现了一大批先进集体和先进个人。

准格尔旗的林业生产是在中华人民共和国成立后逐步发展起来的。1949年,准格尔旗零星育苗1.3亩,零星造林1.5万株。中华人民共和国成立初期,准格尔旗人民政府成立建设科,1952年改称农牧科,1956年8月设立林业科。同一时期准旗先后在全旗各地建立了4个国营林场、1个治沙站,开始大面积地苗木培育,展开了有规模的治沙造林活动。同时,全旗社队办集体林场也如雨后春笋,迅速发展起来,在改革开放前为准旗生态建设做出了积极贡献(表 1)。

表1 中华人民共和国成立初期准格尔旗国有林场站基本情况

名称	成立时间	林地面积(万亩)
乌兰不浪林场	1956年7月	13.2
沙圪堵林场	1960年10月	2.83
乌兰沟林场	1956年6月	1.9
布尔陶亥治沙站	1958年9月	24.15
神山林场	1958年	3.95

1956年7月建场的乌兰不浪林场,地处库布其沙漠东端,是以营造用材林为主的国营林场,曾为准旗的林业建设工作,特别是库布其沙漠治理工作做出了突出贡献。1956年当年全旗育苗面积409亩,有林面积13.2万亩。

1956年,准格尔旗建立水土保持工作机构,水土保持工作列入国民经济计划指标,同年5月在沙圪堵镇民族生产合作社建立了准格尔旗水土保持基点站,负责全旗水土保持技术指导和培训农民技术员的工作,重点对纳林、伏路(今福路村)两地区进行治理,纳林黄不拉区(今沙圪堵镇纳林村黄不拉社)成为试点。该村农民陈官柱从此开始,带头为集体植树造林30多年,成为远近闻名的种草种树先进模范。

1963年1月,中央召开黄河中游重点县(旗)水土保持工作会议,决定将准格尔旗定为全国8片重点治理流域之一。根据会议精神,制定了《准格尔旗20年水土规划(草案)》,成立了"准格尔旗水土保持专业队"和"准格尔旗水土保持工作站"。

1964年,旗委、政府总结推广海子塔公社柳树湾大队种草养畜促进农业生产的先进经验,提出"种植牧草,植树造林,建设稳产高产田"的三大建设口号,并推行以草为主、管防并重的畜牧业生产方针,全旗出现社社、队队、人人种草植树的生产高潮。但"文化大革命"期间,这一典型经验被错误地批判为"草木樨挂帅",导致准旗生态建设工作一度呈倒退趋势,"文化大革命"后期才得以扭转。到1974年育苗面积649亩,造林面积为1.24万亩。1976年后,本着国家、集体、个人造林一齐上的原则,全旗开展了群众性的植树造林活动。1977年全旗造林面积达到10.37万亩,其中国营造林面积为2.49万亩,育苗7897亩。

第二阶段(1978－2000年)

党的十一届三中全会胜利召开后,准格尔旗全面推行林业生产责任制。1981年,全旗当年造林面积达到34.9万亩、育苗面积7000亩。1982年将"五荒"(荒山、荒坡、荒滩、荒沙、荒沟)全部划拨给群众治理,坚持谁造、谁管、谁受益的原则,宜林则林、宜草则草,极大地调动了群众种树种草、治理山川的劳动积极性,当年造林达97.92万亩,育苗面积7905亩。之后,个体取代集体成为生态建设主力军,全旗林地草地面积逐年攀升,生态建设效果显著,涌现出很多种树种草的先进人物。1984年5月,五字湾石板梁村的陈元生被评为全国水土保持先进个人。1990年,全旗林业用地面积达到750万亩,有林地面积达300万亩。其中乔木林120万亩,柠条面积180万亩,活立木总蓄积量110万立方米,林木覆盖率达到13%。16%的农田及39%的草牧场实现了林网化,约180万亩农田、草牧场得到了防护林网的保护。林业产值在全旗农牧业总产值中的比例已由1985年的16%提高到30%以上。林业生产在本旗国民经济建设中发挥了重要作用。

1979年2月,准格尔旗被国家科委、农林部、水利部列为黄土高原水土流失综合治理全国重点试验治理基地县(旗)之一,同年8月,准格尔旗皇甫川流域水土保持试验站成立,承担起了提供黄土丘陵沟壑区治理样板和科学数据的科研课题。经过10多年的试验与研究,该站超额完成了国家科委下达的指标任务,也为准旗控制水土流失发展农牧业生产提供了宝贵经验。

随着三北防护林工程、水保小流域治理项目、防沙治沙等一系列国家生态治理工程的大规模实施,准格尔旗开始在水土流失较严重的"一河三川"("一河"即黄河,"三川"即百里长川、纳林川、犆牛川)区域,组织实施一系列生态、水保、水利等重大治理项目,以改善群众生存环境,帮助群众脱贫致富。1990年,全旗初步治理沙漠面积80万亩,控制水土流失面积1100平方千米。1991年,皇甫川川掌沟、窟野河忽鸡兔沟试点小流域,被水利部、财政部命名为"全国水土保持生态建设示范小流域"。1992年5月侯福昌同志获中国水土保持学会"愚公"奖,1993年5月起享受国务院特殊津贴。1998年,准格尔旗被列入国家生态工程建设重点旗(县)行列,旗委、旗政府专门成立了生态建设领导小组,在全旗开展了轰轰烈烈的生态水保建设大会战。到2000年,准旗五分地沟小流域、川掌沟小流域被水利部、财政部命名为"全国水土保持生态环境建设示范小流域"。

第三阶段(2000－2013年)

进入21世纪,准格尔旗紧紧抓住国家实施西部大开发战略的历史机遇,树立"建设山川秀美准格尔"的奋斗目标,依托退耕还林、退牧还草、禁牧舍饲、水保工程、世行项目、生态移民等国家重点生态建设项目,在大力发展经济建设的同时,开展了大规模的生态建设,采取禁牧、封育、飞播、造林等综合措施加快植被恢复,增加林草植被覆盖率。

1999年,旗人民政府颁布《关于在全旗范围内禁止放牧的命令》,2000年3月中旬,准格尔旗启动退耕还林还草工程。2000年5月1日,准格尔旗正式在全旗范围内实行禁牧政策,推行舍饲养畜。"十五"期间,完成水保治理面积1092平方千米,植树造林172万亩,生态环境得到较快恢复。2006年生态建设完成退牧还草60万亩、人工造林30万亩、水保综合治理335.8平方千米,植被覆盖率达到64%。2007年,准格尔旗在典型丘陵沟壑区治理生态环境所取得的巨大成就得到了全国生态小康论坛与会专家学者的一致肯定,其中砒砂岩的治理新模式也成为全国治理同类生态地区的样板,当年荣获"全国生态小康十大政府创新典型"。2007年以来,全旗地方财政、企业累计投入16.4亿元,启动实施了"六区"(城镇区、园区、景区、矿区、通道区、村屯)等重点区域绿化工程,完成高标准造林绿化30.4万亩,全旗重点区域绿化率达到80%以上,矿区生态环境持续改善。准旗出台了《生态自然恢复区农村人口转移办法(试行)》,采取生态移民,自然与人工绿化相结合的方式恢复生态,以暖水为模式的整乡生态自然恢复区达到552平方千米。全旗林业生态呈现出资源总量持续增长、林分质量不断提高、林种结构渐趋合理的良好态势。全旗荒漠化基本消失,水土流失明显减少,生态环境得到明显改善。2011年,准格尔旗被水利部评为全国水土保持生态文明县(旗);被全国绿委、国家林业局、人社部授予全国绿化先进集体称号。2012年完成生态绿化面积67万亩,治理水土流失面积25.7万亩。

第四阶段(2013年至今)

党的十八大以来,中央确立了"五位一体"总体布局和"四个全面"战略布局,提出了绿色发展理念,生态优先的发展战略格局正在形成,林业改革发展的环境发生了深刻变化,也提供了全新的发展机遇。

近年来,准格尔旗认真学习贯彻落实习近平总书记生态文明思想,深刻把握"绿水青山就是金山银山"的重要发展理念,紧紧围绕建设生态文明旗这一核心,鼓励境内各大厂矿民营企业、集团投入生态建设,采取国家、地方和社会三轮驱动的方式,全力加大生态建设步伐,全面实施国土绿化和生态修复工程。在推动经济发展的同时,自觉融入我国北方重要生态安全屏障建设任务中,不断加强生态系统保护力度和环境污染治理,2018年完成林业生态建设7667公顷、矿区复垦1266公顷;深入实施大气、水、土壤污染防治工作,对重点流域、工矿区和运煤道路进行专项整治,中心城区空气优良率81.3%,集中式饮用水水源地水质达标率100%,所做的全国第二次污染源普查前期准备,及清查建库工作获国家表彰。截至2019年8月,准格尔旗水土治理保存面积达到4350.4平方千米,森林总面积达到399.8万亩,森林覆盖率35.3%,草原面积598万亩,植被覆盖率76.1%。

准格尔旗在推进生态建设过程中,始终坚持与产业开发相结合,与发展地方经济相结合,与改善群众生产、生活条件,提高农民收入相结合,积极发展林沙产业,实现了产业发展与生态建设的良性互动。目前已建成山杏、海红、枣、沙柳、沙棘等林沙产业原料林基地127万亩;建成高原杏仁露、蒙特海红酒本土林沙企业2家。森林旅游也成为全旗林沙产业的新亮点,油松王景区、阿贵庙森林公园、包子塔景区等生态绿化明显加快,生态景观明显提升,黑圪涝湾旅游度假村、鄂尔多斯水镜湖现代农业观光园区等生态观光饮食农家乐蓬勃兴起,森林旅游年接待游客45.4万人,旅游收入达4200万元。2017年底,全旗林业总产值达2.4亿元,农牧民人均林业纯收入达917元。

经过几代人的不懈努力,准格尔旗生态面貌发生了翻天覆地的变化,城乡人居环境得到明显改善,人民幸福指数明显提升。先后被评为"全国绿色名县""全区防沙治沙先进集体"、全区林业建设"绿化杯"奖等奖项。2017年,国家住房和城乡建设部命名准格尔旗为"国家园林县城";自治区人民政府授予准格尔旗"生态宜居县城示范旗"荣誉称号。准格尔旗正迈向生态优先、绿色高质量发展的新征程。

探索准格尔绿色发展模式

韩来福

经过 70 多年的发展建设,准格尔形成了绿色经济发展战略模式。主要内容如下:

一、党中央和国家的大项目扶持和发展政策支持,是构建准格尔绿色发展模式的根本途径和前提

通过 1990 年到 2010 年 20 年时间的大力发展和建设,准格尔旗已经从传统的农业旗发展为工业型富裕旗县。在准格尔旗发展的历程中,最让人感动的,就是党的领导和国家的大力支持与帮助。这是准格尔旗经济发展建设的核心力量。也充分证明了中国共产党是中国发展和建设事业的领导核心这一真理。

准格尔煤田已探明储量 267.6 亿吨,服务年限 115 年,其大规模的开发建设始于 20 世纪 90 年代。作为国家大型集团企业的国家能源集团公司准格尔能源公司(原准格尔煤炭工业),万名员工历时 10 年,公司投资百亿元,到 21 世纪初建成一座集原煤开采洗选、坑口发电、路港联运一体化的新兴煤城,而且具有多业并举、产运销自成体系的优势。尤其是在准格尔项目一期工程建设期间,公司先后投资数十亿美元,从国外引进了具有当今世界一流水平的采掘运输、加工设备,其生产效率达到国内同行业领先水平。

准格尔煤田煤质具有特低硫、低磷、低灰粉、高发热量、高挥发分的天然条件,最适宜做动力电煤和化工燃料,以低污染而闻名,在煤炭销售市场颇受用户青睐,被誉为"绿色环保煤炭"。不仅在东北、华北、华东和东南沿海地区有较大的市场份额,还由于含硫量不足1%,在严格限制燃料硫含量的上海、福建、厦门等城市也十分走俏。还有部分洗选精煤集装海运,远销到北非的摩洛哥,参与国际煤炭市场的竞争。目前已开辟的外销渠道主要有秦皇岛港、天津港、大秦线、京包线、集通线等多条海陆运输路线。每日有近3万吨商品煤销往各地稳定的合同用户手中。仅2010年1-9月销售量就达550万吨,实现销售收入10亿元,创利1000多万元。绿色环保煤炭也因之而注册了国家商标,中央电视台对准格尔能源公司实施名牌战略的举措做过深度报道。随后,德国、日本、韩国以及泰国等国家和地区纷纷发来咨询书,关注"准格尔绿色环保煤炭",马来西亚客商还专程赴准格尔煤田黑岱沟露天煤矿进行了实地考察。

准格尔绿色环保煤炭在国内外市场行情日益看好,目前已拥有了一批长期的用煤大客户,大唐公司与准能公司结成了长期的战略伙伴关系。在2016年的全国煤炭订货会上,又新增客户14家,但由此产生的生产、运输、销售之间的矛盾也日益显现。为扩大生产规模和提高生产运输能力,准能公司抢抓今后煤电能源转化和洁净煤技术的先机,在现有生产效率达产的同时,乘势而上,超前性挖潜改造,迎接西部大开发的挑战。

准格尔能源公司1999年先后投资8000万元对年产商品煤1200万吨的煤厂进行了扩建与改造,并用先进的重介工艺取代了跳汰洗选工艺,使选煤厂分级洗选能力大幅度提高。

为满足"十五"期间众多客户大量的用煤需求,企业通过自备铁路股改上市融资10亿元,引进当时世界最先进的采掘运输设备倒斗铲及其辅助设备,取代现在运行的铲车、单斗运输工艺,减少运输消耗,使原煤生产能力与市场需求水平相匹配。随着规模效率的提高和成本的降低,"绿色环保煤炭"在市场上更具竞争能力。同时根据市场价格变化调节,公司开发建设了准格尔煤田第二大露天矿——哈尔乌素煤矿。为解决铁路运输运力紧张的问题,又建成准格尔到山西省朔州市的铁路,与神华集团的神朔铁路接轨,实现内部铁路联网运输,外销煤炭又可走朔黄线。开辟西煤东送第二条大通道,既可缓解第一条大通道大秦线的运力紧张问题,又可与神华内部实行配煤运销,公司自备铁路运输每年可增加效益4000万元。到"十五"后期,准格尔煤田的煤炭流向为三大通道(大秦线、朔黄线、集通线)四大港口(秦皇岛港、天津港、黄骅港、京唐港),公司的整体实力和效益大为提升,实现了可持续发展和多元化经营。

  作为内蒙古境内的国有重点企业,准格尔能源公司是准格尔旗政府利税大户。"九五"期间,累计向地方政府上缴利税3.4亿元,仅2000年就达1.3亿元之多,特别是准格尔煤田的大开发、大建设,一期项目工程总投资92.6亿元人民币,有相当一部分建设资金用在准格尔旗,带动了本地区建筑、运输、餐饮、房地产、制作加工、金融产业、旅游业、楼房物业的兴起与发展。准能公司安置准格尔旗征地人员几千人,安排几千名高中、初中毕业生就业,成为产业工人,准能公司的万名员工家属区设置在了薛家湾镇。一座座漂亮的楼房在薛家湾建成,一条条柏油公路在准格尔旗建成,尤其是264千米长的大(同)准(格尔)企业铁路的开通,途经2省5县市,打破了多少年来本地区交通闭塞、信息落后的被动局面,为沿线老、少、边、贫地区农牧民脱贫致富展现了无限希望。准能公司落户准格尔旗,对准格尔旗的发展建设来说,是巨大的利好政策。昔日只有十几户人家的准格尔旗东昆兑乡薛家湾村,如今成为拥有近30

万人口的全国文明城镇。

大准铁路和全线贯通的准(格尔)东(胜)铁路,已经建设成功的准格尔到朔州、准(格尔)呼(市)铁路接轨,使准格尔成为一个西部铁路联运的枢纽站。矿区处于陕晋蒙3省区交汇处,地理位置十分优越。万家寨水利枢纽和黄河大桥的建成,又使之与冀、晋、京等省市间形成四通八达的公路网络。正是鉴于矿区经济呈现强劲的发展态势,准格尔旗人民政府也迁址薛家湾镇,企业与地方联手发展,营造了良好的投资环境,陆续引进了外地开发资金82亿元。所有这些都为本地经济发展注入了新的活力。

国家级的大型能源基地建设,是使准格尔旗走向大发展、大建设的里程碑。正是国家的关怀和帮助,让古老的准格尔大地焕发出勃勃生机。

二、本地区各届党政领导超前谋划、绿色发展战略接力构建和2个高质量经济技术开发区的建设是成功创造准格尔经济发展模式的宝贵经验

准格尔旗政府敏锐抓住国家在准格尔旗开发建设准格尔煤田的历史性机遇,1986年以来,大力支持和协助准格尔煤炭工业公司的建设工作。1987年,成立准格尔旗驻准格尔矿区办事处(副处级级别)。专门在征地、拆迁和建设方面全力协助准格尔煤炭工业公司开展工作。旗政府陆续实施了一系列依靠国家级大项目发展准格尔旗的战略,取得了重大成功。2000年以后,准格尔旗的经济实现了跨越式发展。1985年准格尔旗的财政收入是500万元,而到了2005年已经达到12亿元。

在助推准格尔煤炭建设的过程中,准格尔旗政府在西部乡镇陆续开发建设了百座煤矿。形成准格尔煤炭品牌和绿色煤炭发展印象。地方财政收入在2010年达到200亿元。成为远近闻名的富裕旗县。

到2010年,全旗煤炭产量超过亿吨;境内电力装机超1000万千瓦;焦粉达到500万吨,超纯煤达到100万吨,煤转油达到100万吨,型煤达

到100万吨,腐殖酸达到100万吨,捣固焦达到100万吨;电石达到500万吨,特种钢达到300万吨,硅铁达到100万吨,氧化铝、电解铝达到50万吨,PVC、氯碱达到50万吨。形成煤、电、高载能、精细化工和煤、煤化工为主的产业链。

建设2个550千伏、7个220千伏输变电工程,形成"大准格尔供电局域网";建成引黄入沙工程、八大水库工程以及2处污水再利用工程,年供水能力再增加2亿立方米;建成"五横五纵十二出口"交通网架;建成"一轴两组团"的环状城镇网络。为经济的大发展,特别是工业经济的飞速发展提供强大的环境支撑。

准格尔经济技术开发区是1999年10月经内蒙古自治区人民政府批准成立的自治区级开发区,位于准格尔旗中部,东经110°52′,北纬39°40′,海拔1038.8米。全镇总面积为19.5平方千米,其中城镇占地11.15平方千米。全镇下辖9个居民委员会,总人口12.4万人。

准格尔经济技术开发区区位优越、交通便利。开发区处于沙圪堵镇的中心位置,能源、原材料富集,交通发达,是"蒙中经济区"(呼和浩特-包头-鄂尔多斯"金三角"区)的重要组成部分。开发区北距自治区首府呼和浩特市200千米,西北与自治区工业城市包头相距200千米,西至鄂尔多斯市(2001年2月26日由伊克昭盟撤盟建市)98千米,南去中原都市太原460千米,道路全为二级以上柏油路。此外,开发区还与准格尔旗政府驻地薛家湾及各乡镇,晋、陕毗邻县市有以柏油路为主的等级公路贯通。已建成通车的准东(薛家湾至东胜)铁路横贯开发区,规划的铁路客运、货运站也将在开发区内建设。这样,承东启西(109国道、准东铁路)、接贯南北(沙榆公路、薛魏公路与晋陕相连)、四通八达的交通网络必将为开发区插上经济腾飞的翅膀。

沙圪堵经济技术开发区,人文环境独特,资源富足。开发区所在的沙圪堵镇是有百年历史的老集镇,长期作为晋北、陕北与蒙南经济、文化的交汇地。长期以来,已形成了蒙汉民族和睦相处的生产、生活氛围。富于表现力、悠扬婉转、腾挪跌宕的漫瀚调艺术就是蒙汉民族水乳交融的文化产物,准格尔旗被国家文化部命名为漫瀚调艺术之乡。丰富的文化底蕴、突出的人文优势使得沙圪堵处处洋溢着浓郁而博大精深的文化气息,由此而形成的风土人情、饮食文化更是远近闻名。漫瀚调艺术节、元宵闹花灯、二月二灯游会、物资交流会,这些带有地方特色的"文化搭台、经贸唱戏"活动都有力地推动着开发区的对外开放和经济发展。

开发区旅游因人文风情的独特而独树一帜,开发区的资源更因大自然的厚爱而得天独厚。一是矿产资源闻名遐迩。开发区周边地区探明的矿藏就有 20 多种,而且具有分布广、储量大、品位高、易开采的特点。其中以高岭土和煤炭为最多。遍布开发区周边的白、紫、黑、灰等软硬质高岭土探明储量 60 多亿吨。开发区周边的煤炭储量达量预计超过 1000 亿吨——东有蜚声中外的准格尔煤田,西有全国能源基地神府东胜煤田。此外,开发区周边的白云岩探明储量 90 亿吨,石灰岩 1.67 亿吨,高铝矾土 1577 万吨,石英砂 1000 万吨,泥炭 160 万立方米,油页岩 40 万吨。储量也十分可观。二是农林牧草资源丰富。准格尔北部的黄河冲积平原是塞外的"粮仓",沃野丰腴;开发区周边的丘陵山地则是优质小杂粮的富产区,小杂粮品种齐全,质优价廉。此外,准格尔还素有"花果之乡"的美称。沙棘果、海红果、山杏、桃、梨、苹果、红枣品质好,产量大,享誉四方。林草方面,开发区周边地区沙柳、沙棘等可开发林木及准格尔紫花苜蓿、有毒灌草、沙打旺、甘草等草业资源也以量大、质好享有盛名。开发区周边的畜牧业资源也是开发区的一大优势,其中山羊的存栏多,肉质好,出绒高,开发前景广阔。

大路煤化工基地位于鄂尔多斯市准格尔旗大路镇境内,地处库布其沙漠尾端,黄河二级台地,规划建设面积 18.5 平方千米,按照"九全一体化"理念,以循序渐进、滚动开发的方式建设大型煤炭循环经济示范基地,用15—20年的时间(分近、中、远三期)形成以煤制油、煤制醇醚为龙头的两大产业链。建成后煤炭转化量达到2595万吨,年产值达到500亿元以上。

大路煤化工园区是内蒙古自治区规划的重点工业园区之一,是按照一体化、基地化、大型化、现代化和集约化的原则及节能、降耗、循环的经济理念开发建设的新型煤化工产业基地。规划控制面积230平方千米,规划建设面积87平方千米,分为"一区三基地":北部20平方千米重点为产学研基地,及金融商务区和为企业配套的生活服务区,南部35平方千米为煤制油、甲醇、二甲醚、烯烃产业基地,东部15平方千米为精细化工及"三废"综合利用产业基地,西部17平方千米为煤制天然气及下游深加工产业基地。

园区的发展定位是:在黄河沿线经济带中率先突破、率先发展、率先崛起,争当自治区煤化工产业发展的排头兵,在基地建设10周年时,形成在国内外有影响力的千万吨级煤化工生产基地和京津冀市场能源的大型供应基地。

园区已入驻18家大型企业,开工建设了19个重点项目,总投资约652亿元,截至2018年9月底,累计完成投资193.43亿元。现有建成投产项目4个,为伊泰集团一期年产16万吨煤基合成油项目锦化机一期1万吨/年大型压力容器制造项目,久泰能源(内蒙古)有限公司100万吨/年甲醇、10万吨/年二甲醚项目,易高能源有限公司20万吨/年甲醇项目;正在建设项目15个,其中2019年新开工项目6个。此外,伊泰煤制油二期、中海油煤制天然气、中电投煤制烯烃等6个项目正在开展前期工作。

工业基地和生活服务区基础设施及配套项目已累计投入资金22亿元,内部路网框架基本形成,配套管网设施一次下地,绿化亮化工程同步实施;配套项目黄河取水口、净水厂、高压变电站、污水处理厂、统一灰渣场、特勤消防站、自备铁路等工程已陆续建成运营,并在不断提升完善,为提高基地承载能力、发展潜力奠定了良好的基础。

回顾本开发区的成功经验时,我们总结出以下几点优势:

——区位优势。地处呼包鄂金三角和蒙晋陕能源富集地区的核心地带,紧临呼包银和京津冀经济圈。北距呼和浩特市75千米,西距包头市120千米,南距旗府驻地薛家湾镇20千米。周边辐射带动能力强。

——地理优势。地势平坦,地质结构稳定,原住居民人口稀少,荒地多耕地少,开发成本低。

——交通优势。呼东高速、沿黄公路和呼准鄂城市快速铁路穿境而过,呼准铁路、大准铁路在基地接轨互通,并建有何家塔货运站,产品及原料运输通过园区自备铁路直接输送,近期年运输能力可达1.44亿吨。

——煤源优势。周边有神华准能黑岱沟、哈尔乌素和蒙泰不连沟煤矿、伊泰酸刺沟煤矿等千万吨级大型煤矿,其中距蒙泰不连沟煤矿,原料煤可直接用皮带输入厂区,距伊泰酸刺沟煤矿不足40千米。

——水源优势。东临黄河,南依孔兑沟,西北靠大沟,水系发达,水源充足,可地表水、地下水、天上水"三水并举",满足供应。总库容924万立方米的大南沟水库已建成,设计年取水量1.5亿立方米的黄河取水口开始供水。

按照"生态环保型、技术创新型、土地节约型"的原则,明确"五个一体化"(产品项目一体化、公用工程一体化、物流传输一体化、环境保护一体化和管理服务一体化)开发建设理念,重点以煤制油和煤制气两大产业为基础,进行下游产品深加工和新材料合成,形成完整多元的产业体系和产业支撑,用5年(2015—2019年)时间把大路煤化工基地建成国内外有影响力的千万吨级煤化工生产基地和满足京津冀市场能源需求的大型供应基地。

按照"产品项目一体化"的目标,推进招商引资由企业选基地向基地选企业转变,延伸产业链条,产生集群效应,实现就地循环转化。未来 5 年内要着力打造八条产业链:煤制油及副产品深加工产业链;煤制天然气及其产品、副产品深加工产业链;煤、石油制烯烃产业链;煤制甲醇、二甲醚产业链;煤制乙二醇及深加工产业链;煤制甲醇及其他碳一化工产品产业链;煤制合成氨、尿素产业链;煤化工产业废弃物的综合利用产业链。

三、共同发展的目标追求和全体准格尔旗人民建设美丽家园的政策推进,彰显了人民政府为人民服务的承诺到位和履职到位的政策公信力

从 2010 年到 2016 年,准格尔旗对全旗 9 个乡镇的 2 万座民房进行了改建和扩建。实现了本地区农民祖祖辈辈的住房梦想。在通乡道路、电力、医疗、环保、住房等方面大力支持美丽乡镇建设。

在深入推进美丽乡镇建设工程中,准旗政府通过实地调研、走访座谈等方式,确定了 2014 年全旗 30 个重点发展嘎查村,根据实际情况分三类建设。对具有明显街巷村落特征、人口居住集中、生产生活条件较好的 17 个嘎查村实施就地改造建设,打造美丽乡村;对原生产生活条件较差、不宜就地改造的 6 个村,实施集中规划建设,进一步改善生产生活条件,确保搬得出、有事干、留得住、能致富;对撤乡并镇后,旧乡政府所在地附近的 7 个村实施改造,按照"缺什么补什么"的原则,以实现产业发展、农民增收、基本公共服务提升。

准旗政府按照"规划先行、群众自愿、整村推进、因村制宜"的原则,将美丽乡村建设工程与现代农牧业、扶贫攻坚、乡风文明、文化旅游、乡村公路建设结合起来统筹推进,从根本上改善农村牧区生产生活条件,进一步提高农牧区公共服务水平。同时,充分尊重群众意愿,深入倾听百姓意见,与当地老百姓的生产生活紧密结合,坚持"一村一个规划、一乡一张图纸",确保建一个成一个,不搞大拆大建,保持农村风貌,再现田园风光,打造美丽乡村。

2014 年本旗投资 5.6 亿元改造了危房 3000 户;建设安全饮水工程

32处;硬化嘎查村街道、巷道45个村共136.8千米;建设6个地面数字电视发射基站,开通"户户通"用户15000户,新建标准化卫生室18个,扩建1个;新建标准化文化室31个、连锁超市22家。到10月底,2014年"美丽乡村建设"各项建设任务全部完成。

十二连城乡石城圪梁社作为先行打造的示范点,从2012年就开始实施农村危旧房改造,采取就地改造的方式,坚持"缺什么补什么"的原则,综合整治人居环境,整治和完善农村基础服务设施,率先实施"美丽乡村建设"工程,村民居住生活条件得到了极大的改善。

2015年改造完成的87户平房院落,在石城圪梁社显得格外显眼。下午的阳光斜照在宽敞明亮的窗户上,屋内,正在用拖把拖地板的周五女脚下,是能够照见人影的光滑地面。

世代家住准格尔旗十二连城乡蓿亥图村石城圪梁社的周五女,早已过惯了村里穷困的生活。年久失修、破烂不堪的土坯房陪伴着她结婚并生儿育女,但现在,危房改造项目启动,周五女一家住进了新居。周五女常带微笑的脸上,印证着农村民居的巨变。

变化来得太快了,硬化道路的两旁,是绿树掩映着的红瓦民居,新居配套有自来水,用上了抽水马桶,养殖棚圈按户均得、整齐划一。这么快就过上了城里人的生活,周五女坦言,好像做了一个梦,村民所有的幸福感,得益于美丽乡镇建设工程在准格尔旗的有序推进。

农村"美丽乡村建设"工程涵盖了危房改造、安全饮水、村街巷硬化、村村通电、村村通广播电视通信、校舍建设及安全改造、村标准卫生室、村文化活动室、便民连锁超市、常住人口养老医疗低保等工程。上述工程的全覆盖,意味着村民将经历一次从落后到先进、贫穷到富裕的跃进和变迁。

在准格尔旗,十二连城乡是该旗实施"美丽乡村建设"工程的重点地区,按照规划,该旗坚持整村整社推进,做到建一个成一个。在实施过程中,坚持村民自愿,充分发挥当地农民的主体作用,想方设法发动村民自愿参与、自主投入,因地制宜,一村一貌,科学合理规划,分类组织指导和实施,宜居、宜业的美丽乡村正在从昔日杂乱无章的乡村旧貌中改变而出。

在危房改造等项目推进中,村民主动参与的积极性,很好地验证了此项民生工程的惠民意义。在村民的印象中,从来没有一项针对贫困农民、农村的普惠行动来得如此及时和获得广泛拥护。事实上,不只有周五女有此幸福感,全村每个人都对村里的巨变感到喜悦。村里新建的40平方米的标准化卫生室、96平方米的文化室、便民超市,以及养老医疗低保等社会保障的全覆盖,不仅让村民享受到便捷的生活,而且彻底消除了对突发疾病的后顾之忧。

周五女对村里的医务室大加赞赏,她说:"过去是小病扛、大病挨,现在小病就近到医务室就诊,大病直接到县城治疗。"而村里的图书室、娱乐室等公共设施,也让村民可以获得娱乐文化生活。

抚摸着安装有地面接收器和调频喇叭与音响的户户通广播电视设施,村民坦言,这是第一次亲耳听到高音质的广播。而距离石城圪梁社不远的幼儿园、小学和中学,使所有村里的孩子不必再为上学发愁。从求学到生产、生活,现代化生活条件样样具备,促使部分在城里打工的村民子弟返回村庄。

蓿亥图村东圪卜社刘根亮讲述道,现在村里除了干净整洁的街道,最大的变化是空气中的尘土少了。他说,过去东圪卜穷得出了名,自己好不容易在外地说下一门亲事,但对方上门,看到东圪卜风沙大、卫生脏乱差时开始打了退堂鼓,再看到自己夏漏雨、冬漏风的房子以及院外乱搭的旱厕和棚圈后,便应酬了一下,悄然离开了。为此,刘根亮病了一场。从那时起,已近40岁的刘根亮就一直想着要改变,但改变谈何容易,无望的他最后选择外出打工。今年,刘根亮获知东圪卜将要进行危房改造的消息后，便毅然决然地回到了村里。

对此，村民说，由于贫困，村里一度成为"老人村"，大批的年轻人外出。缩小城乡差距，建设美丽乡村，使乡村具备吸引力的迫切要求与当下进行的"美丽乡村建设"的内在出发点和落脚点不谋而合。在贫困程度较深、贫困面较大、面临困难较多的地区推进"美丽乡村建设"，也有意想不到的困难。面对困难，准格尔旗的做法是知难而上、稳步推进、总结经验、试点推广、科学实施。通过摸底调研，精准制订实施"美丽乡村建设"的整体方案，科学规划和部署，创造性地将"美丽乡村建设"的内涵外延，使"美丽乡村建设"工程建设取得阶段性成果。

准格尔旗在扎实推进"美丽乡村建设"惠民工程的过程中，按照"政府主导、农民主体、点上推进、面上铺开"的原则，推进"一个规划、一套方案、一个班子、一个规则、一个指导书"的"五个一"工作举措，先期扎扎实实抓好示范。努力创新与"美丽乡村建设"相关工作的思路和做法。准格尔旗"五个一"工作举措的内涵包括：一个规划，即示范点建设规划，包括总体规划、控制性详细规划和单体设计；一套方案，即全旗"美丽乡村建设"工程实施方案和落实区域"美丽乡村建设"工程推进美丽乡村建设实施方案；一个班子，即村民自己组建的建设委员会，是规划村建设的领导机构和实施机构；一个规则，即建设委员会议事规则，群众自行议事的规则；一个指导书，即示范点的建设指导书，内容包括房屋单体、样式、户型、用材和群众申请等，发放到户。

这些工作举措，共同概括了一个同群众商量、走群众路线的主题。准格尔旗在"美丽乡村建设"项目推进的过程中，坚持谋划提前，建设筹备抓得早；坚持高标准开局，建设进程抓得严；坚持因地制宜，规划布局抓得实；坚持务求实效，改造过程效果好。有力地促进了"美丽乡村建设"的有序、扎实推进。

来自准格尔旗农村"美丽乡村建设"领导小组的一份资料表明："美

丽乡村建设"在改变中国农村传统居住方式的同时,也带来了3个明显的变化:提升了村民的幸福指数;解决了村民的后顾之忧;初步做到了农村和城市享受公共资源的均等,对集约生产和生活要素,构建新农村的作用巨大。未来农村"美丽乡村建设"的结果必然是"政府省心、村民舒心、儿女放心"。

2014年起,准格尔旗开始大力规划布局美丽乡镇项目建设,内容包括:

——危旧房改造工程。全年计划改造3000户(含沿黄渗漏区1000户危旧房)。危旧房鉴定工作已全部完成。已开工建设1578户,主体完工2530户。

——农村安全饮水工程。全年计划实施安全饮水工程32处。至2019年,已开25处,包括十二连城乡兴胜店村于二圪卜、蓿亥图村东圪卜;布尔陶亥苏木铧尖村;沙圪堵镇榆树塔村玉胜宫碾坊塔、榆树塔村羊场塔、打麻梁村石拉崩、刘家渠村壕圪卜、贾浪沟村奎洞不拉、长胜店村秦家塔、神山村赵家梁社、纳林村李家焉、四道包村刘家塔社、寨子塔村坟塔社、伏路村店拐子社、乌素沟村阳坡;纳日松镇二长渠村、羊市塔村,薛家湾镇宁格尔塔村韩家塔、海子塔村榆树塔、业林沟村肖家焉、柳树湾村沟门、白家渠村卡圪兔、巴润哈岱村白家坡;暖水乡肯木肯村樊家渠、龙口镇双敖包村。已完工4处;薛家湾镇宁格尔塔村韩家塔工程已完工;十二连城乡兴胜店村于二圪卜、蓿亥图村东圪卜、布尔陶亥苏木铧尖村3处工程已基本完工。共建成高位蓄水池2个、大口井3眼、机电井2眼、梅花井1眼。

——嘎查村街巷道硬化工程。全年计划实施嘎查村街巷硬化136.8千米。2019年,规划设计工作已全部完成,已开工30.673千米。西营子村,已完成招投标,路基完成95%,砂垫层95%,路面完成95%;老山沟村,已完成招投标,路基完成100%,砂垫层100%,正在为面层备料;暖水村,已完成招投标,路基完成85%,砂垫层100%,正在为面层(水泥混凝土)备料;肯木肯村,已完成招投标,正在进场和备料;蓿亥图村,已完成招投标,路基完成100%,砂垫层100%,路面完成100%,正在进行到户施工;兴盛店村,已完成招投标,路基完成100%,砂垫层100%,路面完成90%;铧尖村,已完成招投标,路基完成100%,砂垫层100%,路面完成100%,正在进行到户施工。其余38个村的街巷硬化正在进行招投标工作。

——村村通电工程。全年计划架设(改造)10千伏线路114千米;0.4(0.2)千伏线路345千米;配变14165千伏安/95台。2019年,6个示范点中,铧尖、石城圪梁、尔圪壕嘎查、于二圪卜4处已接火送电,东圪卜已完成施工任务。共完成架设(改造)0.4(0.2)千伏线路7.86千米,配变300千伏安/6台。

——村村通广播电视通信工程。全年计划建设28个地面数字电视发射基站,开通"户户通"用户15000户。至2019年,已建成地面数字电视发射基站9个,开通"户户通"2800户。

——校舍建设及安全改造工程。全年计划新建小学1所、扩建小学1所、新建幼儿园2所。目前,大路和苑D区幼儿园,基础工程已完工;沙圪堵第一小学扩建综合楼体育馆,正在开槽,进行基础施工;薛家湾镇巴汉图村幼儿园,基础回填土强夯已完成;薛家湾镇巴汉图小学,基础回填土强夯已完成。

——嘎查村标准化卫生室工程。全年计划新建标准化卫生室18个,扩建1个。2019年,已开工建设或改造12个。

——嘎查村文化活动室工程。全年计划改扩建文化活动室31个。2019年,31个活动室均已开工,其中老山沟村文化室已建成。

——农村便民连锁超市。全年计划新建便民连锁超市20个。2019年,拟选的20个嘎查村便民连锁超市中,已有16个完成改造,并投入运行。

十二连城乡位于准格尔旗北部,总面积695平方千米,辖19个行政村、152个生产合作社,9246户,总人口24265人,黄河过境64千米,是典型的沿河农牧业乡。过去,全乡基本上处于"两无、两乱、两靠"的状态,即无整体规划、无单体设计,棚圈乱搭、柴草乱堆,污水靠蒸发、垃圾靠风刮的"脏乱差"状态。自"美丽乡村建设"政策实施以来,这里的农村整体面貌得到了改观,坑洼的泥土路变成了平坦的水泥路,杂乱无章的旧村变成了干净整洁的新村,一个美丽乡村雏形初现。在美丽乡村建设中,兴胜店村的变化可谓非常之大。

兴胜店村位于十二连城乡西部,总面积14平方千米,辖4个生产合作社,397户,总人口1112人。在落实"美丽乡村建设"工程中,兴胜店人不等不靠,积极行动,率先建设,争取了第一批实施,不但全面实施了"美丽乡村建设"工程的水电路讯房现代化,还配套实施了环境整治、棚圈建设、污水收集、绿化美化等工程。在实施过程中,注重保存乡村原貌,注意保留乡土气息,展现"望得见山、看得见水、记得住乡愁"这样充满诗情画意的场景,建设有传承、有记忆、有地域特色的美丽乡村。如今的兴胜店,产业发展了,村庄整洁了,房子漂亮了,农民的日子更加红火了。

从"棚圈乱搭、柴草乱堆""污水靠蒸发、垃圾靠风刮"的脏乱差环境,到"村庄不见垃圾堆,汽车进村不起灰,下雪下雨不积水"的美丽乡村,兴胜店村在"美丽乡村建设"中实现了华丽转身。信步走在兴胜店村,村容整洁,设施配套,环境宜人,可以感受到鸡犬相闻、自然生态、乡土气息,更感受到民风淳朴、守望相助、安居乐业,一幅美丽乡村的画卷展现在面前。这里不仅环境美、风尚美、秩序美,人文更美。

一张张图板,展现了兴胜店变迁的历程,一串串数据,记录了兴胜店变迁的进程,一段段文字,讲述了兴胜店变迁的智慧和汗水;在这里,可以看到"美丽乡村建设"工程给农村生产生活带来的勃勃生机,感受到"美丽乡村建设"工程给农民带来的更加美好的愿景。展厅里最为抢眼的,莫过于展板上村民们的一张张照片。左边的是他们在旧房子前的留念,右边的是迁入新居后的笑脸。

"过去农闲'打麻将、闲聊、打平伙',现在是'扭大秧歌、跳广场舞、唱漫瀚调',农民精神焕发,精气神很足。"村支书一边指着展厅里的物件,一边为记者介绍,他说,"美丽乡村建设"工程带来的变化,不仅是让农民的日子红火了,更带动了文明乡风的逐步形成。

村里注重村民的精神文化生活,组建了文化广场和小戏台。村民自编自演的乡村小戏经常在这里上演。许多村民扶老携幼,搬来板凳观看。充满乡土气息又不失幽默的小戏,引来观众们的阵阵掌声。

在广场上,53岁的村民郝巧娥正与几位老姐妹聊天看戏。说到"美丽乡村建设"给村民带来的变化,她高兴地说:"过去每天埋头在地里干活,哪有时间打扮了?现在,机械化了,人省事了。政府还帮助给盖了新房子,心情好,我们老姊妹也有时间打扮了。"

在推进"美丽乡村建设"的同时,乡镇里如何开展乡风文明建设?屈树清说,概括起来,就是推行以"六个提倡、六个反对"为主要内容的乡风文明大行动。

他介绍,各个村充分利用村文化室这个平台,组织群众开展经常性的文体活动,丰富群众的精神文化生活;倡导敬老孝老,蓿亥图村建设了夕阳红幸福院;积极推进移风易俗,蓿亥图村成立了红白理事会,制定了《红白事宴村规民约》,引导群众养成积极向上的生活习惯和良好风气;加强村民自治,各村完善了《村规民约》,石城圪梁制定了《环境卫生村规民约》,轮流值周清扫公共区域,促进了村内环境卫生的自我管理、自我维护。

在实施"美丽乡村建设"过程中,十二连城乡同步推进现代农牧业和休闲旅游业发展,加快扶贫攻坚,既改善了农村环境,又促进了农民增收。"农民看到了村庄环境的大变化,感受到了各级党委政府通过'美丽乡村建设'一揽子解决农村基础设施和公共服务的决心,农民心情舒畅了,干部威信提高了,工作更好开展了。"

2016年,准格尔旗投资26.4亿元,全面完成579个续建自然村和372个新开工自然村的美丽乡镇工程建设任务,各项工程主体全部完成,已完成投资27.78亿元。危房改造计划实施9802户(新建7218户,维修2584户),实际开工13109户(新建8883户,维修4226户),完工13074户(新建8860户,维修4214户),惠及2.3万人。996千米街巷硬化和通村公路全部完工。673千米村村通电及农网改造工程全部开工。村村通广播电视通信工程待自治区统一招标后即可安装。新(改、扩)建30个标准化卫生室实际开工40个,完工36个。新(改、扩)建55个文化活动室工程全部完工。新(改、扩)建45个便民连锁超市实际开工63个,完工53个。村镇绿化计划栽植苗木199.8万株,已栽植284万株。农牧户整修计划12445户,实际开工15051户,全部完工。环境整治计划18424户,实际开工21186户,完工21071户。

通过2010年到2016年的美丽乡镇建设工作,准格尔旗的乡镇和农村面貌焕然一新。大部分乡村的农民直接享受到了城里人的现代化住房和生活。农村和城镇已经没有住房差距。再加上农民有土地和更多的工作选择,在准格尔旗,乡村和城镇一体化的发展规划在逐步实现。

四、准格尔旗率先启动农村全民养老保险和合作医疗,解决了60岁以上老年人养老的实际难题,确保了广大农村居民的稳定生活

准格尔旗2007年在内蒙古全区率先实行农村养老保险,今后,参保农民和城镇居民一样,到退休年龄就可以按月领取养老金。

准格尔旗社保局的工作人员来到大路镇二旦桥村,为69岁的邢子文老人送来养老保险存款折。准格尔旗社保局的工作人员说:"我们把养老保险折子给你们送来了,希望你们也能像城里人一样领上工资,过上好日子。"邢子文说:"如今有说不完的好处,我们老两口每个月210块钱够吃了,也不用儿女负担了。"

按照旗里的规定,像邢子文这样的老人一次缴纳2880元,每年就可以领到2520元养老金。加上老伴儿,他们每月可以领到420元养老金,足够老两口安享晚年了。

从2007年初开始,农村养老保险工作已经在准格尔旗各乡村全面展开。凡准格尔旗户籍、20周岁以上的农民都可以参加农村基本养老保险,养老保险基金按缴费基数的20%筹集,其中个人缴纳8%,旗财政补贴12%。对男满60周岁、女满55周岁以上农民,一次缴费满15年,每人每月就可以领取养老金210元。为此,旗财政2018年安排专项资金1.5亿元,今后旗政府每年还将拿出近亿元。这一惠民政策涉及全旗10个苏木乡镇的15万农民。全旗已有5万农民参与了养老保险。准格尔旗实行的最低生活保障政策也是民生福利兜底的大政策,确保了低收入家庭的稳定生活。

五、制定绿色准格尔发展战略和创建全国文明城镇,是准格尔旗心系人民、长远发展的成功保障

准格尔旗牢固树立"绿水青山就是金山银山"的发展理念,坚持节约优先、保护优先、自然恢复为主的方针,努力为全旗人民创造更加优美的人居环境。

昔日全旗92.5%是水土流失区,被列为国家水土流失重点监督区和治理区;今朝全旗大规模生态建设涉及100多条小流域。截至2018年底,全旗水土保持综合治理保存面积达到4286.27平方千米,完成水保生态建设投资7.41亿元,植被覆盖率由20世纪80年代初的10.5%提高到72%,森林覆盖率达到28.65%。近日,内蒙古自治区准格尔旗被水利部评为全国首个水土保持生态文明县(旗)。

准格尔旗位于内蒙古、陕、晋交界,库布其沙漠延伸其中,过去平均每年流入黄河的泥沙达1亿吨以上,是黄河流域粗沙主要来源区之一和下游洪灾的主要发源地之一。准格尔旗自20世纪80年代以来,先后实施了国家水土保持重点治理项目、砒砂岩沙棘生态治理项目、黄土高原淤地坝建设项目等水土保持治理项目,有效控制了水土流失,生态面貌实现了从严重恶化到整体好转,改善了生产条件和生活环境,促进了经济社会可持续发展。

"以前我们在沟里的薄土地上种口粮,因为水土流失严重,一下暴雨,山洪就把地全淹了,生活得不到保障。"准格尔旗西黑岱沟村村支书邬永胜对过去"靠天吃饭"的日子记忆犹新。

西黑岱小流域是重点治理小流域川掌沟的一级支流,通过近20年集中治理,在山坡上修建鱼鳞坑、植树种草,在沟底建造淤地坝等,有效拦蓄了水土,20年间没有出现大山洪;同时,淤出7800亩坝地良田,玉米亩产由50公斤提高至500多公斤,人均年纯收入由300元增至9050元,呈现出山清水秀、沟底有良田的新貌。

(一)既要"地下黑色资源",也要"地上绿色能源"

煤炭行业对生态环境影响巨大,如何协调"黑色资源"与"绿色发展"的关系是很多矿产资源型地区头疼的问题。

准格尔旗是黄河环绕的产煤大县(旗)。据统计,已探明煤炭储量544亿吨,远景储量1000亿吨,共有煤矿125座,其中露田煤矿42座;矿区防治责任范围55.67万亩,昔日按照水保方案曾治理了3.86万亩,远未达到绿色生态要求。近年来,准格尔旗重拳整合煤矿、关闭小煤矿,要求企业按照水土保持方案治理矿区,2007年,出台"一矿一企治理一山一沟"政策;2011年,政府出台意见,要求企业每年完成治理任务不少于10万亩,完成投资不少于4亿元。

神华集团准格尔能源有限责任公司黑岱沟露天煤矿,经过多年治理,巨大的排土场成为"平原",栽种了柠条、沙棘等耐旱固土的灌木,坝体工程将矿区围成相对封闭的系统,阻挡了水体和泥沙进入黄河。据了解,10多年来,这个矿区植被覆盖率由不足25%提高到75%以上,复垦率是全国平均水平的12倍,水土侵蚀量减少80%以上。2010年,准格尔旗完成矿区生态建设13.91万亩,2019年上半年完成生态建设和封育治理45万亩;矿区污染物排放得到有效控制,形成了"地下黑色资源、地上绿色能源"同步开发的良性发展态势。

"在发展中,我们把水土治理生态建设放到与经济建设同等重要的位置来抓,制定了短、中、长三期十年生态建设规划,并经人大立法通过;同时,探索出'政府主导、企业有责、社会共建、人人参与'的生态建设模式。"准格尔旗委书记曾说。从2007年开始,准格尔旗对生存条件差、生态比较脆弱的村庄,本着"转移人口,恢复生态"的宗旨,正式实施生态移民。2009年,暖水乡被确定为整乡生态移民试点,按照"自愿有偿"原则进行搬迁。"搬迁后,乡里组织种山杏、大果沙棘等经济林,以前的荒山终于能看到绿色了,我做梦都不敢想。"暖水乡暖水村村民韩翠莲说,现在100多平方米的新家通了自来水,30多亩地种上了油松苗,经济效益可观;通过参加乡里植树,每月还有两三千元的打工收入。暖水乡开创了我国黄河流域砒砂岩治理的范例。

截至2018年底,准格尔旗移民区恢复生态面积1206平方千米,森林覆盖率达到28.65%,植被覆盖率达到72%;同时,7597户农民喜迁新居,水、电、路、讯全部配套;随着各项保障政策的落实,人均年纯收入大幅提高,实现了人与自然和谐相处。

准格尔旗生态治理已达6138平方千米,完成总投资22亿元,治理度由20世纪80年代初的12.2%提高到79.8%,达到了减少入黄泥沙、减轻洪水灾害的目的。在生态治理中,政府主要从以下三方面入手:

一是加大生态保护修复力度。引导企业、社会组织、个人等各方面资金投入,开展大规模国土绿化行动。深入推进天然林保护二期、京津风沙源治理二期、沿黄生态走廊建设和水土保持等重点生态建设工程,完成林业生态建设11.08万亩、草原保护建设75万亩、水土流失综合治理

4.8万亩。严格执行禁牧禁垦政策,落实好"三区"发展规划。

二是积极推进绿色发展。严格产业准入,大力发展节能环保、清洁能源产业,努力建设一批绿色企业、绿色矿山。倡导简约适度、绿色低碳的生活方式,积极创建节约型机关、绿色家庭、绿色学校、绿色社区。

三是严格落实生态红线制度。全面落实环境保护"党政同责、一岗双责",全面推行领导干部自然资源资产离任审计和责任终身追究等制度,严格落实自然资源有偿使用、生态环境损害赔偿等制度,加强生态建设和环境保护绩效考核,让制度真正发挥震慑作用。加强环境执法监测体系和信息化建设,加大环境保护执法力度,坚决打击环境违法行为。

准格尔绿色矿山示范区是准格尔旗人民政府与神华准能公司共同践行"创新、协调、绿色、开放、共享"五大发展理念的具体行动,是"绿水青山就是金山银山"在准格尔旗的探索和实践。示范区按照综合规划、统一指导、分步实施、边建设边运营的方式,以"创意新矿区、智慧新农业"为规划理念,以绿色矿区、绿色农业、绿色产业为规划特色,打造既彰显矿区工业旅游特色,又兼具休闲农业观光功能的现代产业科技示范园区。示范区远景规划"一核、一园、两带、四区"的总体布局。近期规划以国家级矿山公园建设为核心,初步形成山、水、林、田、路、游一体的创意新矿区。建成现代生态农业示范区、生态养殖区、果树种植区、林下休闲区、小杂粮种植区和工业旅游区6个示范区。该项目从2016年启动实施以来,在准格尔旗人民政府和神华集团的共同努力下,已建成"万亩草场千头良种肉牛繁育及育肥基地""风吹草低现牛羊、日出湖畔赏朝阳"的美景再现矿区。截至2019年,现代农牧业示范基地总规划面积4.5万亩,其中,核心区占地面积1.5万亩,肉牛养殖场规划面积1000亩,新开发料基地3500亩,小杂粮基地500亩。养殖场已建成棚圈及附属设施14000平方米,硬化道路及停车场10500平方米,围封草场围栏15千米,存栏优质肉牛3270头(其中220头为进口黑安格斯肉牛),初步实现现代机械化生产。同时，在西排土场建成采摘日光温室20栋；在哈尔乌素排土场新建观光水库（雨水收集池）3处，建成餐饮接待中心1处、野营观光蒙古包20座，新修砂石路4千米，自行车观光道10千米，种植观光花草100多亩、行道树4千米，还安装了配套的水电设施。2018年，获国土资源部批准，启动实施内蒙古准格尔矿山公园。规划区域位于准能公司沟露天煤矿排土场内，分南区和北区两个园区，总面积达16.91平方千米，计划在获批两年内初步建成。

准格尔旗煤炭资源丰富，煤炭企业也与日俱增，近年来，准格尔旗严格落实煤炭企业扬尘污染防治措施，努力改善周边环境，人居环境质量显著提升。

蒙泰集团公司唐公塔集装站一直坚持环境保护同经济建设、社会发展相协调的原则，积极开展环境污染综合治理。在蒙泰集团公司唐公塔集装站的环保储煤棚里，四面的墙壁上都有一个喷头，喷头喷出来的水呈扇形，均匀喷向50厘米以内的储煤场的上空，水滴落下后，湿润了煤堆的表面。

"我们从2015年5月开始设计改造，于2018年10月通过环保部门验收投入使用，项目投资4693万元。这个棚子里有19个喷淋设施，另外还有三四台雾炮机，还有洒水车。作为本土企业，我们为了当地的环保，积极治理煤尘污染，尽最大努力，尽量减少环境污染。"蒙泰集团公司唐公塔集装站主任张继华说，蒙泰集团公司唐公塔集装站通过多台雾炮机、洒水车辅助抑尘，实现多层次、全方位防尘抑尘，确保环境污染最小化。"原来咱们院里面每天扫两遍都扫不干净，可现在不一样了，你们看看，如今咱们这儿十来天不扫也没事儿，每天可以看到蓝天白云，环境总体来说是挺好的。"唐公塔社区居民吕秀在蒙泰集团唐公塔集装站附近住了十几年了，他说，"现在煤尘基本上没有了，人居环境好了，住在这里心情也舒畅了。"

除了企业自身坚持环境保护同经济建设、社会发展相协调的原则外,准格尔旗环保局也加大安全监管力度,全面深化大气污染防治。"平时我们对这家企业的监管主要看棚外有没有堆煤,棚外道路的清扫和洒水抑尘工作做得是否到位。每季度委托第三方机构进行检测,最终污染物排放都能够达到工业煤炭企业污染物排放标准。"准格尔旗环保局薛家湾环境监察二中队队长鲁国华说。

针对全旗煤炭企业扬尘治理问题,准格尔旗环保局要求所有煤炭企业的粉状物料堆放场必须安装高清视频探头,实现对矿区环境情况的全方位实时监控;同时,要求企业强化对露天煤矿的洒水降尘,加大工业广场、采坑、排土场、进出场区道路清扫洒水抑尘力度;要求每家露天矿增加2台水炮,每个工段增加4台水车,在5级以上大风天气启动应急停产措施,从而有效控制矿区扬尘。

准格尔旗已经对45家粉状物料堆场完成全封闭建设,完成了对内蒙古天润化肥股份有限公司低温甲醇洗尾气治理,并对内蒙古京泰发电有限责任公司2号机组和内蒙古蒙泰不连沟煤业有限责任公司大路煤矸石综合利用电厂1、2号机组实施了超低排放改造,完成了118家企业的粉状物料堆场、采坑、排土场等场地高位视频探头安装。截至2018年12月31日,薛家湾城区空气质量有效天数318天,Ⅱ级以上优良天数243天,剔除19天沙尘天气的优良率为81.3%,大气环境质量显著提升。

创建文明城市,是准格尔旗委、政府立足实际做出的重大决策,是让全旗人民共享经济社会发展成果、实现同步小康的有效途径。实际工作中,准旗更是以"创建利民、创建便民、创建惠民"为创城工作的落脚点,从小事切入、从细节着手、从群众普遍关心的热点难点问题入手,一件一件推进,一件一件落实,文明城市创建与满足群众需要达成了高度的统一。

(二)利民——打造更舒适更美观的人居环境

清晨,沿薛家湾镇区塔哈拉川一路晨跑,绿色植物与垂到肩头的柳枝相映成趣,携微风一起送你美丽的心情;傍晚,与家人漫步在公园,赏春色观夏花,身畔老人缓缓而行,稚子发出开怀的笑声,一幅黄发垂髫怡然自乐的美丽画面跃然眼前;华灯初上,熙熙攘攘的人群、热热闹闹的街道、星星点点的万家灯火和流光溢彩的霓虹组成了城市最美的风景。

近年来,准旗坚持以园林规划为引领,开展了以道路绿化为重点,公园、广场、游园景点和小区绿化等点线面相结合的城市园林绿化建设工作,截至2016年底,建成区绿地面积达1026万平方米,公园绿地面积达354万平方米;建成区绿化覆盖率达42.92%,绿地率达38.33%,人均公园绿地面积达17.41平方米。先后建成3处综合性公园、14处社区公园、3处专类公园、11处带状公园、16处街旁绿地和4处广场,城镇居住环境得到全面提升。与此同时,着力推进小区、市场、景观河、道路、管网、各类网线等市政基础设施的彻底改造工作,推进城市环境综合整治,打造干净整洁有序的宜居新城。

在农村,准旗全面推进美丽乡村建设,乡村面貌发生了巨大改观。政府遵循"望得见山、看得见水、记得住乡愁"要求,按照"不挖山、不砍树、不填沟、不毁文物、不截河道、不拆除传统文化建筑、不破坏历史街区风貌"的"七不准"原则,准格尔旗对159个村庄进行了规划设计,实现了一村一特色。在百年古村纳林,马路两边的仿古建筑气势恢宏,火红灯笼挂满街头,给人一种车水马龙、繁荣昌盛的古街既视感;在尔圪壕嘎查,骑行在清风绿水红色的自行车道上,悠然自得的休闲生活方式立刻放松你的心情;美丽的水、一望无际的绿,清一色山西民居建筑风格,美如画卷的大口村正在走向更美的明天。

2014年以来,准旗累计投资56.78亿元,改造危旧房2.7万户,建成安全饮水工程308处,硬化街巷2037千米,改造农网2045千米,建成

37个地面数字电视发射基站,安装广播电视"户户通"4.85万户、广播"村村响"164个,建成标准化卫生室109个、文化活动室115个,农村生产生活条件显著改善。坚持建管结合,制订了美丽乡村后续管理办法,形成了美丽乡村建管并重的长效机制,以治理"脏乱差"为重点,全面开展了农村环境卫生综合整治。2016年以来,累计拆除废弃房屋和断壁残垣8.7万处,清理"五堆"588万吨,新建改建厕所2141个,建设污水处理厂2个、垃圾填埋场46个、垃圾中转站158个、垃圾池1859座,农村环境卫生显著改善。

(三)为民——建设更便捷更温馨的生活环境

"您好,请问有什么需要帮助的?""您的业务办理完了,请慢走。"在准格尔旗政务服务大厅,每一个办事的人都能享受到快捷、礼貌、高效的服务。刚刚办理完业务的刘先生忍不住称赞:"以前那些办事人员都是爱搭不理,办事程序又复杂,经常办一件事得跑好几天去好几个地方,现在好了,又方便态度又好。"

群众赞不绝口的政务大厅建成于2014年,设立180个常驻窗口,按照不同业务领域划分"基本建设""市场准入""农牧业产业发展""社会事业"等四个"单一窗口",统一受理涉及多部门联审联办的业务。目前,政务大厅共进驻政府部门54家,中介服务机构5家,进驻六大类行政权力事项721项,进驻率100%。在准旗政务服务大厅,群众只需要一套纸质的手续,在一个窗口登记后,其他涉及审批的部门就可以通过网上签字审批。群众不需要再拿着一堆材料跑各个部门找人盖章签字。截至2016年,准旗取消本级行政许可15项、行政事业性收费29项,1128项便民服务和审核事项实现"一站式"办理。

不仅如此,准旗将"一站式"服务进一步延伸拓展到乡镇,先后设立苏木乡镇、街道便民服务中心13个,社区便民服务大厅23个,并全部投入使用。将部分行政审批事项下放到嘎查村,成立嘎查村便民代办点

159个,代办点可将群众所需要办理的证照、城乡低保、计生服务、合作医疗、社会保险等手续材料收集汇总,集中到乡镇或街道代办。在软件上,准旗推行"代办员"为民服务全程代办制度,共确定代办员500余名,通过"三个代办",代办包括民政、计划生育、劳动保障等33项便民服务,村民不出村就能享受到代理、咨询、调解等各种方便快捷的服务。

2016年3月,一场有关综合行政执法体制改革的试点工作在准旗悄然展开:在横向上,扩大综合行政执法的范围,按照整合综合的原则,将执法职能相近、对象相同、方式相似的执法机构整合起来,综合设置执法队伍,解决多头执法问题;在纵向上,将综合行政执法向街道、乡镇延伸,推进执法重心下移。按照属地管理的原则,进一步理顺各层级执法职责,构建适合地方特点的执法职责体系,解决多层执法的问题。

苏木乡镇层面,实现了综合执法改革的全覆盖,全旗9个苏木乡镇全部成立了综合执法局,实现了一个乡镇一支执法队伍,执法队伍由原来的54支精简到10支,精简比例81%。旗直部门层面,将原来的48支整合到9支(除环保外),精简比例81%,全旗综合执法体系初步建立。在全旗10个苏木乡镇,探索一个区域一支队伍。龙口镇综合执法局通过划片执法、网格管理的执法模式,已集中行使城乡建设管理、交通运输、农牧水利等5个领域494项行政处罚权,并整合市场监督管理所、国土所、动物卫生监督站等基层站所,实现了"一个乡镇一支执法队伍"。

执法改革不仅避免了多头执法、重复检查,提高了执法效率,降低了执法成本,同时也减轻了群众和企业的负担,理顺了管理者和被管对象之间的关系。

(四)惠民——提供更公平更优质的生活资源

2017年6月1日,薛家湾地区庆祝六一儿童节暨第四届科技、美术创意大赛正在举行。形式多样的活动,参赛选手昂扬向上的精神,正如一个缩影,诉说着准旗教育事业健康向上的风貌。

近年来,准旗大力推进素质教育。鼓励各学校开设富有民族特色、体现传统文化、发扬科技创新精神的课程和活动,积极开展各类文体活动和体育竞赛,使学生德智体美劳全面发展。严格执行义务教育阶段中小学、幼儿园免试就近入学制度,出台方案,严格实行划片招生和阳光分班制度,规范了学校的办学行为,从学生入口保证了教育公平,推进全旗教育的优质、均衡发展。同时,不断加大教育惠民力度,全旗中小学实行"四免一补"政策,对所有鄂尔多斯市户籍幼儿实行两免一补政策,"十二五"期间共计投入免补资金54371.3万元。在此基础上,积极开展各类捐资助学活动,仅2016年,为全旗公办幼儿园和注册民办幼儿园贫困家庭幼儿申请金额148.6万元;为11个嘎查村、街道100名贫困学生发放资助金5万元;共为2032名准旗籍贫困大学生申请国家开发银行贷款1500万元;共为238名自治区低保家庭(含孤儿)大学新生发放资助金852万元;为243名大学生申请市政府资助金91.1万元;为147名低保家庭大学生申请资助金76.9万元;联合发放精准扶贫户在校生资助金204万元。累计为准旗籍的幼儿园、小学、初中、高中和职高在校生申请国家和自治区两级贫困生助学金1840.15万元。解决了贫困家庭的后顾之忧,保证适龄儿童接受教育的权利,决不让一个孩子上不起学。

近年来,准旗推进公立医院直管基层医疗卫生机构建设,推行社区家庭医生式服务和乡村医生签约服务,推动建立了旗级公立医院与上级医院之间的稳定的医疗协作体系等方式,着力解决老百姓"看病难、看病贵"问题,为群众构筑起一道坚实的健康屏障。

在基层,无论是农村还是社区,居民都有了自己的家庭医生和乡村医生,实现了小病不出社区。截至2018年,社区家庭医生式服务累计签约36857户共101645人,乡村医生签约服务累计签约35496户共89016人,并按要求提供了相关医疗卫生服务;在乡镇,基层卫生院通过获得旗级公立医院的技术支持和人员"传帮带",具备了常规疾病的诊疗能力,使居民看病不用东奔西跑,2017年初至2019年,旗级公立医院到基层卫生院、社区卫生服务机构坐诊64人次、接诊患者2106人次,护理治疗1767人次,讲座16次,技术指导14人次,到旗级医院进修培训8人次,双向转诊430人次;在旗级医院,通过邀请上级医院专家、实现远程诊疗等方式,使患者不出旗境就能享受到全国顶尖的医疗诊治服务。

为了解决看病贵这一难题,准旗逐步完善基本医疗保障制度,着力实现应保尽保。2017年,准旗有200821人参加新型农村合作医疗,参合率提高到98.08%,共为58580人次参合农民报销,基金总支出为4190.98万元,保障患病群众医药费及时报销。准旗率先实施先看病后付费制度。基层新农合各经办机构实行"预付费后审制",即将总费用低于两万元的住院医疗费用和慢性病医疗费用,按相应比例核算后先支付给患者,后再到旗合管办审核拨付。近年来受益患者59613人次,报销医药费用23086.65万元。实现了新农合、医保和医疗救助"一站式"服务,近年来累计有18917人次受益。

在准格尔旗的惠民政策推进过程中,更加舒适美观、更加便利有序、更加公平优质的发展建设环境,让老百姓切实体会到了创建文明城市带来的点滴实惠和变化,让群众和市民也享受到了创建美丽城镇产生的累累硕果,这硕果散发出的香甜,更加激发起干部群众真诚团结、创新创业的干劲和热情,成为准格尔模式持续发展、跨越发展的不竭动力。

六、准格尔旗构建跨越式绿色发展战略模式的启示

通过调研,我们深切地感受到,准格尔绿色发展模式是在中国西部地区涌现出的绿色、文明、生态、美丽型发展战略模式。它的发展基础、发展环境、发展条件、发展目标、发展策划、发展战略、发展效果等课题在我国西部地区市县有很强的独创性,可以给我们以下启示:

一是永久地坚持绿色发展战略,坚持绿色发展战略的基本原则。牢固地树立绿色、文明、高质量发展的自觉意识,是实现经济和民生建设

事业又好又快发展的根本前提。准格尔旗能够取得今天的非凡发展成就，首先在于秉持绿色事业先行的思想观念。正是因为不断发展绿色经济的正确思想，在全区、全国创造了多个先例。如准格尔旗率先在全内蒙古自治区尝试集体土地承包到户，率先实行禁牧政策和严格的生态保护政策，率先开展对自治区外的经济技术合作。在推进发展的过程中，准格尔旗的干部群众认识到，与发达地区最主要的差距还是文明层次和理论素养层次的差距，只有发展思想、勇创一流成绩，才能赶上或超过东部市县。准格尔旗模式表明：只有始终坚持绿色事业先行的战略构建，与时俱进，着力转变不适应科学发展观的思想观念，做出符合科学发展、长期发展、绿色民生型福利发展的正确决策，才能把发展战略观落实到经济社会发展的各个方面，进而开创绿色、协调、民生发展的新局面。

二是抓住国家以大项目支持地方发展这个关键环节，坚持不懈地在经济建设格局上下功夫，才能取得突破性发展的实效。经济发展方式理论是一场深刻的思想革命。长期以来，西部地区以输出资源为主的粗放型经济增长方式，在带来经济一时增长的同时，也必然导致后续资源难以为继，环境不堪重负，生态脆弱退化。面对发展的难题，准格尔旗以建设资源节约型、环境友好型社会为目标，以产业升级为主攻方向，以节能减排为突破口，以发展循环经济为支撑点，变革传统发展模式，艰难地推进关闭、淘汰、治理和整顿一个个小煤矿，从资源滥采、环境污染、发展粗放的恶性循环中突出重围。调整就意味着割舍，转变就有可能减速。准格尔旗在经过经济发展方式的绿色化革命后，尝到了越来越多的甜头，为进一步良性发展打下了坚实基础。

三是必须坚持改革开放国策，坚持党的坚强领导，切实推动经济社会和民生建设协调发展，是实现准格尔发展模式的基本前提。绿色发展道路既是一条新路、一条好路，也是一条难路，难就难在是对传统发展路径、发展模式的突破和超越。鄂尔多斯地区坚定不移地通过推进体制机制的创新,为实现科学发展铺平道路。通过深化改革、扩大开放,地区行政壁垒逐渐减少,以市场为基础配置资源和大范围资源重组的格局基本形成,资金、技术、人才等生产要素的流入进一步加快,社会投资已成为投资增长的动力源泉,本地企业如雨后春笋般涌现出来,各类行业中介组织和农牧区专业经济协会逐步发育完善,千家万户与千变万化的市场顺畅对接。准格尔模式表明:只有坚持改革开放,符合绿色发展观的事情,就全力以赴地去做,不符合绿色发展观的事情,就毫不迟疑地去改,大力加强绿色制度建设和创新,才能切实转入科学发展的轨道。

四是坚持市场引导机制的基础作用与政府管理的主导作用相结合,着力形成旗、乡政府领导全旗发展计划的机制。欠发达地区市场发育的滞后性和跨越式发展任务的紧迫性,决定了必须做到政治、经济管理两手都要硬,即在健全市场机制的同时发挥政府的主导作用。准格尔旗依托国内新兴的能源、生态、高端农牧业产品市场,大力培育市场主体,积极改善投资环境,充分发挥市场配置资源的基础性作用。同时根据国家的发展战略和本地的发展要求,注重发挥政府的主导作用,强有力地领导、组织和协调并主动驾驭市场化改革的方向与进程。当落实科学发展观遭遇习惯势力和传统观念的抵触时,当中央宏观调控政策执行得异常艰难时,坚决贯彻落实中央的战略部署,以超前谋划和战略思维,靠政府积极发挥全局统筹的作用弥补市场缺陷,用看得见的手强势出击,为市场经济的健康发展保驾护航。准格尔模式表明:只有做到既积极发挥市场作用,又注重发挥政府的主导作用,才能推动西部地区经济社会实现跨越式发展。

五是必须大大地加强地方党委的执政能力建设、公信力建设、干部作风纪律建设和忠诚履职的干部队伍质量建设,提升各级领导干部的政策执行力和纪律构建力,为本地区正确、长久的发展提供强有力的政治质量和组织纪律保证。准格尔旗之所以能走出一条绿色、文明、成功、富裕之路,最关键的在于中央和上级党组织坚强有力的领导,地方政府能够系统地执行上级和本级政府制定的正确方针。中共准格尔旗委十分注重加强党的建设,紧紧围绕经济社会发展和加强执政能力建设的课题,着力提高党员干部在经济发展中谋发展、促发展的能力。准格尔旗立足实际,注重研究绿色经济发展的规律、高质量经济发展的规律、社会协调性发展规律,坚持按绿色和平发展规律办事,坚持科学决策、智慧决策。准格尔旗委对于已制定和形成的正确的目标与政策,就始终咬住不放,一抓到底。坚持"一任接着一任干,一张蓝图绘到底"的工作作风,坚持不懈地苦干实干,扎扎实实推动民生事业的发展。

准格尔绿色发展战略模式用活生生的事实和人民群众的切身感受,多层面、多角度地反映了绿色战略观越来越强的真理光芒。我们相信,随着绿水青山就是金山银山理论和实践的进一步深化推进,准格尔旗的绿色发展模式会进一步地确定和丰富,而构建美丽准格尔发展模式的绿色工程也会收获到实实在在的成果。

沧桑巨变谈发展

杨凤林

从站起来、富起来走向强起来

陈国正,1938年8月生于准格尔旗,是一位有着60年党龄的老党员,参加工作40多年来,先后在准格尔旗榆树湾硫磺厂、旗委组织部、准格尔旗水利局、准格尔旗政协等单位工作,他亲身见证了中华人民共和国成立70年来,准格尔旗的发展过程。2019年,已经81岁高龄的他,还是准格尔旗延安精神研究会名誉会长和准格尔旗老年书画研究会名誉会长,他热爱书法,翰墨情长,在中华人民共和国成立70周年之际,创作出一幅幅书法作品,献礼祖国七十华诞。

在准格尔旗老年书画研究会创作室,陈国正和书法爱好者正在挥毫书写,为中华人民共和国成立70周年作诗题词:"风雨历程70年,光辉业绩史无前例,如今走进新时代,圆梦路上再奉献。"不一会儿的工夫,一幅行云流水、恢宏大气的"墨宝"跃然纸上,"我创作这首打油诗,主要目的是肯定70年来的伟大业绩,表达我今后的努力方向,面对强起来的新时代,我们要继续努力奋斗,不能停下脚步。"陈国正说:"1949年,伟大领袖毛主席在北京天安门庄严地向世界宣告,中华人民共和国成立了,中国人民从此站起来了。这一宣告,结束了中国的内忧外患,让新中国走上了新征程。"

"这70年来,中国发生了天翻地覆的变化,全国人民风雨兼程、励精图治、举旗定向、艰苦奋斗,走过70年的光辉历程,把一穷二白的旧中国建设成为一个繁荣、民主、富强、美丽的新中国,中国真正从站起来、富起来走向强起来。"这是陈国正对中华人民共和国70年历程的感受,也是一份深刻的总结。陈国正纵观全局,从党的建设、城市建设、农村发展、民生保障等方面,忆往昔、说发展、谈变化,豪情满怀地畅谈中华人民共和国70年的历史巨变。陈国正说:"过去,人们穿的是土布、烂皮袄,吃的是粗粮、野菜,住的是茅庵房子、土窑洞,出行靠的是老牛车,吃不饱、穿不暖、看不起病、念不起书,这些现象非常普遍。如今,国家有'两不愁、三保障'的扶贫政策,有九年义务教育保证孩子入学,有城乡合作医疗和社会保险,在交通运输方面,海陆空全面发展四通八达,贫穷和落后都已经成为历史。当下,中国经济突飞猛进,人民生活幸福安康,科技发展日新月异,国防建设不断加强,国际威望在世界上与日俱增,每当想到这些实实在在的变化,我都为国家感到无比的骄傲和自豪。"陈国正还对党的十九大发表了自己的见解,他说:"十九大总结了新中国成立70周年和改革开放40年的宝贵经验,号召全国人民能够继续走好改革发展的长征路,为实现两个一百年和伟大复兴的中国梦吹响了号角。"

2019年是中华人民共和国成立70周年。70年艰苦创业,70年风雨兼程。70年来,在党的正确领导下,中华人民共和国取得了举世瞩目的成就,民族独立,国家富强,百姓安居乐业,中华儿女踏上了实现民族复兴梦想的伟大征程,昂首迈入新时代。"作为新时代的公民,作为一名老党员,退休后,我依然要继续关心和支持地方党委政府的各项工作,要做安定团结的模范,做改革开放的支持者、拥护者。要力所能及地参加好本单位党支部组织的学习活动,在学习和实践中接受教育。要听党的话、跟党走,在建设小康、圆梦中华的征程中做出新贡献。"陈国正说。在陈国正眼里,中国在70年里的发展,就像芝麻开花节节高,为民搭起了"幸福桥",让像他这样的老同志始终在政治上有荣誉感,组织上有归属感,精神上有获得感,生活上有幸福感。陈国正笑着说:"现在,我很幸福,退休后,党和政府对我们关怀备至,生活待遇越来越好,定期为我们体检,组织我们参观学习考察,开阔眼界。我个人爱好书法,还让我积极参与到准格尔旗书法绘画的活动中,陶冶情操、锻炼身体,为我们度过幸福的晚年生活创造了条件,我感谢党和政府。"

王巧凤讲过去的故事

每个人都有梦,每个梦想的实现都是人生最幸福的事儿。对于68岁的王巧凤来说,她的梦随着时代的进步,变得更加绚烂,也更加触手可及。

王巧凤出生于1951年,祖籍山西河曲,在她还是一个小孩时,举家搬迁到准格尔旗,自此开始了在这里60多年的生活。"那时候我们家是真穷,搬家时全家只有一床被子,父亲挑着一担笸箩,一个笸箩里坐着我,一个笸箩里装着锅碗瓢盆这些生活必需品,这就是我们的全部家当。"王巧凤的父亲要去榆树湾硫磺厂工作,于是全家在榆树湾租房子住,一年三两块的房租,一间小小的房子就是她的家。陆陆续续,家中又添了几个弟弟妹妹,全家变成了七个人。"七个人就住在一个土炕上,只能打蹬脚睡,挤得厉害,姐妹们翻个身,都会碰头,睡一晚上就像上刑。"说起过去的事儿,王巧凤眼中已没有经受苦难的那份难过,更多的是温情的回忆。

1958年,到了上小学的年龄,王巧凤却上不了学,一是因为家境困难;二是她需要在家照顾弟弟妹妹,让父母干活儿挣钱养家。看着别人都能去上学,王巧凤非常羡慕,那时小小的她有了人生的第一个梦——像其他孩子一样去上学。10岁那年,她的梦变成了现实,她走进了小学的课堂,学数学,学语文,听老师讲祖国的大好河山。"除了上课,我还得照顾弟弟妹妹,根本没时间复习,每天晚上等弟弟妹妹睡着了,借着父亲看书的煤油灯光,一行一行地挪着书本来背课文,虽然很苦,但是也很充实,充满了希望。"王巧凤说。没有钱买衣服,母亲就拆掉别人的旧书包,给她做成小夹袄;冬天再把棉花絮进衣服去做成棉袄。困苦生活让王巧凤梦想着自己能早日参加工作,挣钱给家里贴补点儿,让日子能好过一些。

1972年,她成了榆树湾硫磺厂的一名选矿工,虽然只是家属工,而且工作很辛苦,但她依然很高兴。第二年,王巧凤结婚了,丈夫也是榆树湾硫磺厂职工。彼时,单位给他们分了一间十几平方米的家属平房,房子是阴南房。有了大儿子之后,怕小孩子冷,就用牛皮纸将窗户全糊起来,外面还挂着厚厚的窗卷帘、门帘,家就成了一个黑洞。"冬天,铸铁火炉子需要经常加炭,晚上一不小心熄了火,怕两个孩子冷,半夜也得劈柴重生火。大炭燃烧时烟挺大,一周下来铁皮炉筒里就挂满了煤灰烟,取下炉筒倒一次煤灰很麻烦。那时候,我做梦都想换一个靠阳面的房子,哪怕是租也行。"尽管对房子不甚满意,但王巧凤家的日子比起她小时候还是有了很大的改观,不再饿肚子,也不再缺衣服。

1979年,王巧凤进入榆树湾商业综合公司,当了一名售货员。"那时候整天烧火打炭,到了冬天,手就更粗糙了,指头都皲裂了,给人家扯布的时候,一不小心血就顺着裂口流出来染在布上了,得时常贴着胶布。也是奇怪,现在年龄也大了,也不用保养手,这手上反而皮肤又光又滑,可能是干的活儿少了,也可能是条件好了。"说着,王巧凤两只手互相搓磨着,年近七十的她,双手摸不到一丝茧子,柔软而白皙。

20世纪80年代,正是供销社最红火的时候。当时,榆树湾地区在准格尔旗是发展数一数二的地区,榆树湾商业综合公司在当地属于独家经营。每到工人发工资的时候,或者逢年过节,商业公司就人满为患。"那时候,商业公司可火了,我记得有一年腊月二十九了还关不了门,买东西的人太多。有的买吃的、穿的、用的,有的买缝纫机、手表、电视机这些大件,大件不好买,得通过内部人才能买到。"王巧凤说。虽说榆树湾综合公司的货品种类比附近的商业公司、供销社要多,但与国内其他地方仍然不能比。这时候,王巧凤家的日子已经越过越好,丈夫在单位负责销售,需要常年跑外地,因此常常能从外地买来些本地没有的布料、衣物,她的穿戴总能让周围人羡慕。"1982年,我们终于住上了阳面的房子,再后来,房子换成了50平方米里外两间,也有了小院子,取暖也由土炉子换成了土暖气。虽然不用倒炉筒子了,但是用的炭更多。我手上的皮肤本就干燥,由于经常打炭、抓炭,不仅黑的洗不干净,而且手指上都是裂得深深的口子,钻心地疼。"王巧凤笑着说,"人都是这样,有了好的还想要更好的,有了暖和的土暖气还不满足,还想要住楼房。"

1994年,因商业公司改制,王巧凤重新回到榆树湾硫磺厂,并在2001年退休。改革开放的东风吹遍准格尔大地,物质产品逐渐丰富,人民生活方式也有了巨大的变化。经过几年的积累,王巧凤家的条件越来越好。2006年她家买了一套楼房,次年12月,全家从榆树湾搬到了薛家湾。"住进新家的当晚,全家人高兴得不想睡觉!80多岁的婆婆笑着说她做梦也没想到还能住上这么宽敞明亮、不用自己生火就暖暖和和的大房子。小孙子乐得在光滑干净的地板砖上滚来滚去。房里有彩电、冰箱、洗衣机、空调、电脑。做饭用燃气灶、电炒锅、电磁炉、微波炉。"王巧凤说,住进新楼房以后,觉得自己这辈子所有的梦想都实现了。事实上,生活有时比梦还美。

2013年,家里最后一位老人离世之后,王巧凤除了偶尔需要帮忙带一下小孙子之外,空余时间一大把。2013年9月1日,她报名进入老年大学,开始了电子琴的学习。"最开始,我连音符也认不得,现在我能熟练地弹好几首曲子,每天特别开心。"说起现在的生活,王巧凤满意得不得了:"儿子很争气,不用我们操心,在老年大学认识了很多有意思的老年人,还能学习文化,学习历史,生活有滋有味。"采访过程中,王巧凤给笔者展示了很多照片,有她和家人外出共享天伦之乐的,有和老姐妹们游玩赏景的,照片里的她或穿着鲜艳的裙装,或围着大红的纱巾,或戴着各式各样的帽子,每一张脸上都带着满足的笑容,如少女般纯粹。2016年,王巧凤搬进了188平方米,四室一厅的电梯楼。"早晨起来打会儿太极,老年大学有课的时候上上课,没课的时候和老姐妹们转转、聊聊天,隔一段时间出去旅游一趟。明天我又要和同学们去巴盟参加同学聚会。"说起这些,王巧凤的语气充满知足和幸福,就像她的微信昵称一样——知足常乐。当被问到对未来的期望时,她说:"我们普通百姓的生活这么好,主要是因为有强大的祖国做后盾。我也希望我们的祖国越来越富强,在国际上更有地位,让谁也不敢欺负咱,也希望咱们的家乡能更好地发展。"

  从穷得只有一担笸箩,到住进188平方米的大房子,王巧凤的一生就是一个不断做梦、不断实现梦想的过程。她经历过苦难,经历过艰辛,最终在自己的不断努力中迎来了幸福的晚年。王巧凤的故事只是万千中国人中的一个个例,它具有代表性,也具有普遍性。习近平总书记说:"中国梦是国家的梦、民族的梦,也是包括广大青年在内的每个中国人的梦。"让每一个个体梦想不断实现,是中国梦最美的内涵。祖国的一步一步强盛,承载着14亿中国人的幸福梦;每一个中华儿女的梦想照进现实,诉说着绚丽夺目的中国梦。

回忆农业学大寨运动

  时隔多年,郝俊依然能回忆起农业学大寨的往事:我大学毕业后,经过一年的"军垦"锻炼,于 1970 年 3 月,被分配到准格尔旗工作。此时和我一起分来的还有 100 多名全国各大专院校的毕业生。沙圪堵是旗府所在地,也是一个百年老镇。两旁又粗又壮的参天柳树,将街道上空遮盖得密密麻麻,甚为壮观。在古老而幽静的街道上,操着南腔北调的知识分子,成群集伙地散步聊天,这在准旗历史上,闻所未闻,见所未见,自然就成了街头巷尾议论的特大新闻。此时,恰逢准旗实行军管,即由军队接管政府。在军管会的领导下,"文化大革命"中形成的两派群众组织——"红联"和"七一",实行了大联合。解放老干部,组成"老中青"三结合的领导班子,开始落实政策,为"内人党"等冤假错案彻底平反,出现了团结奋进、社会稳定、经济发展的大好局面。不久,大学生们都被分配到各单位。有的到基层或工厂,有的留在旗直机关单位。有的当教师,有的当医生……我被分在旗委政治部宣传组。大部分同学对分配比较满意,只有少数几个不愿到基层,他们直接找领导,讲明理由后,也都改分配在自己较满意的地方。20 世纪 70 年代,风清气正。个人有什么困难问题,只要找领导讲明情况,就会得到合情合理的解决。那时人们不懂得送礼,甚至人家给办了事,连一顿饭都不会请人家吃。人与人之间的关系,堪称真正的纯朴。

我到宣传组上班后,因新成立的旗专案组缺少工作人员,我先去临时帮忙。专案组的主要工作,是对一些干部的历史问题进行查证落实,并做出准确的、实事求是的结论。我走了许多省、市和地方,也顺便游历了不少山水名胜,留下极为美好的印象。同时,也目睹了农村贫穷落后的景象,不少地方的农民还不得温饱。记得当时白面、大米很缺,一次,我外调到山东省,返回时,在一个自由市场买了 20 斤大米带回家,让邻居们羡慕不已。1975 年春节刚过,我参加了全旗"农业学大寨下乡工作队",在大路公社召沟子大队任工作组长,副组长是陈治国。在旗委统一领导下,抽调上百名机关干部,深入农村第一线,组织和带领广大社员群众，变冬闲为冬忙，战天斗地，大搞农田基本建设，修造梯田，打坝引渠，向土地要粮，向贫穷开战。决心之大，声势之壮，前所未有。当年，大路公社党委提出的工作重点，是在全社大面积推广种植良种小麦，作为深化农业学大寨的具体内容和目标，开创农业生产的新局面。

大路公社位于准旗东北部，东临黄河，与托克托县隔河相望，总面积500平方千米，9个大队，总人口5000多人。这里基础条件较好，气候适宜，水浇地多，水资源充沛。将全公社上千亩水浇地种成小麦，如此规模的工程，有史以来还是头一回。它不仅可以大幅度提高农作物的质量和产量，而且能改善广大社员群众的生活，增加他们的收入，并彻底改变全旗吃白面只能靠从外地调拨的状况。几年前，有的生产队曾试种过良种小麦，但因科技管理跟不上，小麦抽穗时发生了黑穗病，颗粒无收，严重挫伤了社员的积极性。当时最大的问题是，干部群众害怕重蹈覆辙，将"眼珠子地"荒废了，造成重大损失。因此顾虑重重，积极性不高。

召沟子大队有4个生产队，130户人家，800多口人。面积不大，比较集中。1973年，时任旗委书记院良臣在此下乡蹲点，冬天，带领广大干部和社员开展大规模农田水利基本建设，在后沟生产队建成一座小型水库，该队当年新增水浇地几十亩。邻近的光阴店生产队土地平坦，土质也好，就是因缺水而全是旱地。为了解决水的问题，大队利用后沟队的水库，建成了二级扬水站，并打通了几十米的涵洞，把水从1000米外的后沟队引到了光阴店，将一部分旱地变成了水浇地。至此，全大队拥有水浇地面积由原来的二三十亩，猛增至100余亩，翻了五六番，为以后的农业发展奠定了坚实的基础。召沟子大队工作组由旗、社两级，4名干部组成，大家分别下到各生产队，组织队干部、社员开展"学习大寨精神，实行科学种田"的大讨论，并且认真查找出过去种小麦失败，主要原因是不懂得科学种植和管理。社员不懂，一般干部也不懂。统一认识后，社员们说："不是我们不想吃白面，主要是不敢种。只要种植技术能过关，我们都愿意种。"因此召沟子大队将大部分水浇地都种上了小麦。其他大队的情形亦如此，全公社实现了种小麦超千亩的目标。旗委把大路公社大面积种植小麦作为全旗农业学大寨、增产增收的典型。旗委第一书记义德热、副书记唐和亲自到大路公社蹲点，深入生产队了解情况，发现问题，及时研究解决。广大干部、群众看到领导以身作则、扎实的工作作风，深受鼓舞，更加坚定了信心。旗委副书记唐和，朴实肯干，被社员亲切地称为"泥腿子书记"，走到哪里就挽起裤腿和社员一起干活。1974年秋天，在他还兼任大路公社党委书记时，下了一场大雨，沟门生产队的上百亩即将收获的玉米、高粱全部被浸泡在泥水里。在大家正急得不知如何是好时，他毅然率领公社干部下到队里，与本队社员一起，挽起裤腿，踏入泥水中，苦战十来天，将玉米棒和高粱穗全部收回，粮食不仅没有减产，还获得大丰收。沟门生产队当年上交公粮近百万斤，成为全旗交售国家公粮"状元"。为了保证全旗第一次大面积推广种植良种小麦获得成功，旗农业局把农技员王林派到大路公社进行指导。王林有"小麦专家"之称，对种小麦有研究、有经验。他了解了各大队的土质、水源等情况后，认为凡是能保证灌溉的地，都符合种小麦的条件。王林提出，要建立一支农民种小麦的技术队伍。每个生产队选配一名有文化、有责任心的青年农民，作为技术骨干，进行集中培训。从平整土地、施底肥、播种、浇水追肥、打药灭虫等环节一环紧扣一环，每个环节都有严格的时间和质量要求，必须保证按时按质完成每一项工作。

一次，大沟生产队的小麦眼看就要错过规定的喷药时间了。此时，在这里蹲点的旗下乡工作队长赵永祥和秘书杨森放下手里的一切工作，立刻带领全队社员，在大中午，头顶烈日，身背十几公斤重的喷雾器，光着膀子，走在麦田喷药灭虫，不失时机地完成了任务。自此，"赵队长赤膊上阵大战害虫"的故事，在社员中传为佳话。夏收到了，全社小麦获得大丰收，平均亩产超过500斤。在收割小麦后，社里又及时播种小日期糜子和秋大白菜,变一茬收获为两茬。以后每年,又在小麦地里套种玉米或土豆,使粮食亩产达千斤。这一年,准格尔旗破天荒地向国家交售优质小麦10余万斤。

大寨村是山西昔阳县的一个小山村,地处太行山麓,穷山恶水,自然条件极差。但是,大寨人在陈永贵的带领下,把"七梁八沟一面坡"建成标准梯田,旱涝保收,粮食单产超"纲要"。1963年,大寨遭遇特大洪水,损失几乎是毁灭性的,社员的房屋被冲毁,经过十几年才修好的梯田,有的也被冲垮。在极端困难的情况下,陈永贵提出"三不要,三不少",即不要国家救济粮,不要国家救济款,不要国家救济物资;当年社员口粮不少,收入不少,上缴国家统购粮不少。经过日夜奋战,当年的目标全部实现,创下了人间奇迹。1964年,毛主席向全国发出了"农业学大寨"的号召,大寨成为全国农业战线上的一面红旗。1975年底,我被任命为大路公社党委第一副书记。书记为陈效功,副书记还有何生荣、郭玉凤等。新班子是一个民主、和谐、团结的战斗集体。1976年初,我跟随由公社领导组成的全旗学大寨参观团,赴大寨考察学习。

学习过程中,我意识到应该向大寨人学习的东西实在太多,而最主要的就是"自力更生、艰苦奋斗"八个字。学习了大寨的事迹后,我深受感动和教育。比起大寨来,我们大路公社的自然条件要好得多,而我们的最大差距是领导班子思想上的差距。我下定决心,回去后,首先要在班子内传达、学习好大寨经验,认真讨论,统一认识。然后做好规划,迅速行动起来,带领全体社员用几年时间,把大路建成大寨社一样的好公社。

秋收结束后,公社党委及时研究部署冬季农田基本建设任务,为明年春耕打好基础。并明确提出,学大寨一定要因地制宜,不搞形式主义,与本地实际相结合,务求实效。公社领导班子成员分别下到各大队蹲点指导。我在小滩子大队蹲点。小滩子大队属黄灌区,素有"粮仓"之称。它的东北边紧靠黄河,西南边是库布其沙漠的边沿,整个地形呈柳叶状。

土地平坦，土壤为黏土质，有"晴天一把刀，雨天一沼沼"之说，意思是天旱时地面像"刀背"一样坚硬，下雨时则变成泥沼，一脚下去，鞋就会陷入泥里拔不出来。队干部和社员研究讨论后，一致认为，改良土壤即在黏土里掺沙子，既能疏松土质，又经济适用，这是大幅度提高粮食产量的有效措施。在大队西南边与沙漠接壤的地方，是一大湾湿草滩，长满了蒲草和芦苇。夏天，成群的牛马在这里吃草，到处堆积着粪便。冬天上面也只结了薄薄的一层冰，打破冰层，下面有二尺多厚的沙积淤泥，又黑又臭，是上等的有机肥料。用它来改造黏土质，既能疏松土壤，又能增加肥力，可谓"一举两得"。这年冬天，大队组成以基干民兵和下乡知识青年为主力的突击队，我带头与社员群众一起大干苦干。根据地块远近，分别采用肩挑、小车推和大车拉等方式，将沙淤泥搬运到基本农田里。据不完全统计，仅石口子一个生产队就改造出基本农田近200亩。第二年春天，我患了肺结核病，组织上为了照顾我的身体，把我调回旗里工作。妻子田树梅十分担心，抱怨说："什么也没挣回来，就挣回一身病。"那年秋天，有社员来看望我，他们说，改良后地里的玉米长得又高又壮，每株结两个又粗又大的棒子，还有结3个的，亩产上千斤是没有问题的。我听后十分欣慰。头一年大种小麦获得丰收，第二年玉米亩产上千斤，这是广大社员群众学习大寨精神的结果，是用辛苦和汗水换来的丰厚回报。

养猪养出好日子

2019年，硕果累累的金秋时节，准格尔旗布尔陶亥苏木蒿召赖嘎查养猪大户王玉兰迎来收获季，30头肥猪出栏，挣得15万元的收入。来到王玉兰家，一排排、一间间宽敞、明亮、整洁的猪舍映入眼帘，内有大中小猪与母猪，分别安置在不同的猪舍里。在蒿召赖嘎查，王玉兰以养猪闻名，她是村里第一个养猪专业户，从养20头猪起家，如今，她盖起了养猪场,已发展到 100 多头猪的规模,并加入准格尔旗薛召赖雄风养猪专业合作社。"我们村没有工矿企业,土地也不肥沃。为了挣钱,很多村民选择外出打工,我们这些上年纪的人,选择在家养猪,以此挣钱养家。"王玉兰说。

2003 年,王玉兰选择了养猪这条路,一干就是十几年。通过努力,土圈变砖圈,再到现在的养猪场,王玉兰的养猪规模不断扩大,她成了养猪的行家里手。养猪是辛苦事,不仅要按时喂食,及时清理猪粪,还要提防猪生病,并关注市场动向。虽然养猪的行情时好时坏,但通过养猪,王玉兰依然感受到了成功的喜悦。2019 年,王玉兰养的肥猪出栏,赶上好行情,一头肥猪就卖到了 5000 元,30 多头肥猪,共收入 15 万元。现在,王玉兰的猪舍,年出栏 50 头,每头肥猪重量有 300 多斤,卖 5000 元左右一头,加上全年陆续繁殖出售的仔猪收入,年利润可达 30 万元。说到养猪的成本,王玉兰指着堆满一间屋子的玉米、麦麸说:"养猪的饲料不花钱!这些年,我们以种植养殖为主,种的玉米作为养猪原材料,每年收获的 10 余亩玉米从不出售,都用来做猪饲料。"

谈及今后的打算,王玉兰笑着说:"虽然很辛苦,但通过养猪给孩子在城里买了房,让家里的生活条件越来越好,这是我最开心的事。作为党员,我还要继续带动大家共同致富,把日子过得一年比一年好。"在王玉兰的带动下,薛召赖嘎查养猪的人越来越多,养猪户经常到她家来"取经",准格尔旗薛召赖雄风养猪专业合作社养猪示范户张小牛就是其中一员。张小牛说:"哪里有小猪要卖,什么时候卖猪赚得多,低买高卖,就像炒股票一样。在养猪大户的带领下,现在,每年生猪出栏量逐步增长,效益很好,我们的养猪事业发展得越来越好,我们过上了越来越红火的好日子!"据了解,准格尔旗薛召赖雄风养猪专业合作社生猪养殖、仔猪繁育项目是薛召赖嘎查的村集体项目,投资 500 万元,共有封闭猪舍 6840 平方米,以"党支部 + 合作社 + 贫困户"的模式,分散养殖,每户养殖 30—50 头，年存栏种猪 52 头，仔猪 1000 头。"村里重点发展生猪养殖、仔猪繁育项目，如今，家家户户都养猪，村民对发展养猪产业的积极性很高，养猪发展水平较好，规模较完备，从购买仔猪、养殖到销售实现一条龙服务，形成了品牌效应，带动了全村养猪产业不断蓬勃发展。"准格尔旗信访局驻蒿召赖嘎查第一书记张文光总结道。

小蘑菇撑起"致富伞"

北方的冬日，在准格尔旗十二连城乡董三尧村李军的蘑菇培育室里，地面整齐摆放着的菌棒上，一簇簇一丛丛香菇长势喜人，香菇"身姿"圆润饱满，"头"上撑开了一顶顶"小伞"。

2003 年，30 岁出头的李军也和身边大多数年轻人一样，到城里打工谋生，成为一名出租车司机。跑出租工作辛苦但收入却并不可观，李军决定放弃打工，回乡创业。2009 年，李军开始回乡"单干"，盖起了村里的第一栋瓜菜大棚，走上了自主创业之路。万事开头难，种大棚靠的不仅是苦干，专业的种植技术会直接提升大棚的产量，好在夫妻俩都是勤快人，他们一边翻书学，一边请教乡里的技术人员，大棚也在夫妻二人的共同经营下有了好的收益，虽然活苦一点，但日子也越过越好了，经过多年的努力和省吃俭用，夫妇俩已积攒了一笔资金。

不仅有前期种大棚的些许经验，李军也不断地在外面考察学习种植技术，2016 年，经过一个多月的考察、思考和分析，他认为家乡的气候很适合蘑菇生长，且蘑菇产量高，销路好，发展前景良好，他下决心发展蘑菇产业来实现致富梦想。在政府及乡镇、村领导的鼓励扶持下，他自投 40 万菌棒的 35 栋香菇大棚拔地而起。大棚建起了，菌棒投放进去了，但最终的收益却不尽如人意。第一年刨去本钱，纯收入所剩无几，还没有算上投入的人力物力，虽然没有赔钱，但和自己的期望值相差甚远。李军循着种香菇的"痛点",决定找出病根。后来,在花钱买回来的菌棒上,他找到了问题所在,这种从外地花大价钱买回来的菌棒"掺假"太严重,这种菌棒的原料本需要优质的柞木屑作为填充,而商家却在里面掺了假,导致菌棒的出菇量少,品质也大打折扣。"我们的基地蘑菇这么多,规模又这么大,销路也不愁。我们在菌棒的选择上一定要把好关,这样种出来的蘑菇品质才会好,产量才能上去。"妻子的一番话让李军茅塞顿开,有了前期的教训,后来购买菌棒时,自己也留了心,到了2018年,光种蘑菇一年收入就很可观了。2019年,他又有了大目标,作为党员中心户的他动员村主任和"三委"成员搞了个"大项目",作为带头人的他们决定做第一个"吃螃蟹"的人。"说实话,刚开始我们心里也没底,作为带头人我们引头先干,先看效益如何,像这样风险大、投入高的项目我们先试试水,如果效益上来了,我们就把全村人都带动起来,和我们一起干,带领大家一起致富。"董三尧村主任高荣飞说。

鉴于从外面买回来的菌棒成本较高,他们一致决定自己来制菌棒。他们几个带头人专程到山西、河北考察,学习了制菌棒的技术,4个人自筹近百万元,准备在村里建一座制菌棒的厂子。菌棒厂建成后,村民就不需要从外地购买菌棒,这样就会大大降低菌棒的成本,而且菌棒的品质也有了保障。从制菌棒到培育香菇再到外销,就实现了一条链的生产。经过长期的市场考察,李军在蘑菇种植上是很有信心的,"现在每斤蘑菇批发价4元,还供不应求,等到菌棒厂建起来,就可以把其他农户纳入进来,由我们提供技术和菌棒,再由我们统一收购销往市场,从而带动全村发展食用菌产业,共同致富。"李军带领全村致富的事迹远近闻名,一家农产品推广平台也到李军家的大棚里考察香菇品质,并且愿意为村里的香菇搭建销售平台,招揽采购商到村采购。一位正在采摘蘑菇的村民说:"香菇大棚经常雇用村民帮工,我们在这里干活既能照看家里,又能赚钱,一举多得!"2019年12月,菌棒厂建起后,又可以为村里提供就业岗位。李军自建的仓储冷库也已经投入使用,自己的香菇都卖到了北上广,蘑菇种植已经小有规模了。他觉得培育种植蘑菇是非常简单的事情,他也希望把自己的技术教给更多周围的人,把村周边的那些闲置的大棚利用起来,通过"党员中心户+致富带头人"的模式,让更多的人通过学习种植培育技术来脱贫致富,让这朵小小的香菇为村民们撑起"致富伞"。

在脱贫攻坚战中,村看村、户看户,群众看支部、看干部,"火车头"起着至关重要的作用。十二连城董三尧村的"党员中心户+致富带头人"的模式为所有村开了好头,他们的实际行动也诠释了先富帮后富的精神品质和为党分忧的干部本色,同时也为打赢脱贫攻坚战树立了榜样。

榆树湾吃水历史的演变

在榆树湾,东、西湾的居民都饮用黄河水。不同的是,东湾居民(主要是硫磺厂职工及其家属)饮用的是从黄河里通过水泵抽上来,澄清后经过水管送达水房的水;西湾居民饮用的是用水桶从黄河里挑回家中的水。在笔者小的时候,家里主要是直接从黄河里取水吃。

记得在我七八岁的时候,父亲买回两只小桶,又做了一根扁担,让我和弟弟开始锻炼挑水。陈家大院离黄河边取水处不太远,一般用十来分钟便可挑回一担水来。我家门后边立着一口水瓮。我和弟弟两人每人往河畔跑两遭,水瓮便满了。有道是"流水不腐,户枢不蠹",黄河水一般来讲是干净的。但因为黄河水里有泥沙,当地居民家的水瓮过个十天半月就得清洗一次,榆树湾人称清洗水缸为"豁水瓮"。后来当地人在石塔子河畔和石窑峁沟里发现了山泉细流,于是就开发出两个能够取水的水圪巴。水圪巴存水量不大,挑一担水得等半天,但这两处的水清澈透明、甘冽可口。每天,很多榆树湾西湾的居民去挑水。在榆树湾陈家大院的西北侧,"八二五"学校大院西墙外,榆树湾食品公司东侧,有一条巷廊,由于西圪蛋居民下河挑水都从这里经过,这条巷子便被起名为"担水巷廊"。

上面说的是榆树湾西湾居民解决生活用水的途径。在榆树湾东湾,也就是榆树湾硫磺厂,职工及家属生活用水主要通过到水房挑水来解决。当年东湾挑水的地方有两处。一处位于榆树湾硫磺厂单身工人石窑排的前边。这一处是东湾工人家属主要的挑水处。在这处水房,有一个看水房的老头,人们称之为"老李",好像是一位河北籍的人。老李挺"干(gān)牙",脾气不好,对东湾担水的半大小子都没有好言语。因为老李住在水房,所以比较爱"干净",但笔者有一次看到老李嘴里叼着一只袜子,用双手拍打另一只袜子,所以我觉得,老李的干净也只能是外人面前"干净"。东湾的另一处水房位于榆树湾硫磺厂礼堂的北边,工人食堂的西侧,这处水房实际上可称为锅炉房,可为工人提供热水和凉水,这处负责烧锅炉的是刘金钟大爷。刘大爷工作认真负责,兢兢业业,每天早早地就把热水给烧热了,受到了工人及其家属的好评。

在榆树湾长大的孩子,无论是西湾还是东湾,从小都接受担挑训练,挑水便是劳动的启蒙教育,没经过这种教育的孩子寥寥无几。我的小学同学周俊萍有一次和我聊起榆树湾的过去,她说小时候,她家中的吃水全靠她往回挑。

随着社会的不断进步,到了20世纪90年代中期,榆树湾西湾老街上也建起了水房,榆树湾人民彻底结束了吃黄泥糊糊水的历史。到了20世纪末,国家开始投资建设龙口水电站,在榆树湾东边浪上村建起了水电站的主体坝梁,彻底把黄河里的泥沙拦在了大坝的东头。榆树湾人民别说喝黄泥糊糊水了,就是再看一眼黄泥糊糊水都成了奢望。随着山西朔州至准格尔铁路建设进程的加快,榆树湾东、西湾居民住宅都被拆除,榆树湾居民按照准格尔旗有关部门的规划,统一搬到了龙口镇政府所在地。大家也体验到了楼上楼下、电灯电话和吃自来水的生活。过去的梦想变成了现实。

榆树湾东西湾居民吃水的演变历程,是当地社会发展变化的缩影。这个演变反映出来的,是社会的进步和各级政府的关心,也是党和人民群众的鱼水之情。没有党和政府的关心帮助,哪里有人民的幸福安康?

陈俊驰谈黄河渡口

"你晓得,天下黄河几十几道弯哎,几十条船哎,几十几根杆哎,几十几个船工吆来把那船来扳……"听着黄河流域上百年来流传的船工号子,我的思绪回到了几十年前的榆树湾渡口。

从200多年前榆树湾开埠起,榆树湾渡口就开始忙碌。那时当地陆路交通虽有但不发达,人们出行主要依靠水路,也可以说,自榆树湾有人居住,就有渡口的存在,这也是人们常说的,榆树湾自古就是水旱码头的原因。中华人民共和国成立前,榆树湾归属山西河曲县管理,是河曲县四区管辖的区域,1953年国家按河划分省界,马栅、长滩才归属准格尔旗。那时的榆树湾,吃穿用一般都依靠河曲。应该说,没有发达的河运,这些物资的运输都无从谈起。

中华人民共和国成立后,随着国营榆树湾硫磺厂等国有企业的建立和发展,当地的公路建设才开始起步,这方面的内容,笔者以前在《榆树湾交通运输业的发展》等文章中有过记述。但在陆路交通不发达的20世纪50年代,硫磺厂生产出来的硫黄块仍主要靠水路运输出去。

家父曾经就是硫磺厂船运大队的一员,参与了榆树湾硫磺厂硫磺外运的相关工作,后来和父亲谈起来时,父亲说,他是河路汉出身,跑河路的经历在父亲的脑海里打下了深刻的烙印。那时父亲所在的船运大队从硫磺厂仓库大门外的河滩渡口出发,沿黄河逆流而上,拉纤到包头(现在的包头东河区二里半)码头。卸货后,再装上木材、钢轨等物资回厂里。有时装好船顺流而下,到河曲西口古渡,把货卸到硫磺厂在河曲建起的仓库里,再购买一些生活物资回榆树湾。那时父亲年轻,身强力壮,干活不惜力,是大队的扛硬劳力。后来国家重视道路交通建设,厂里的化工产品主要通过卡车运输,提高了工作效率,解放了生产力,父亲才回到了厂里工作。

前面笔者讲的是当年榆树湾硫磺厂外销产品的路径。其实硫磺厂的船运大队撤销后,黄河流域还一直有外埠的船只来硫磺厂运输厂里的化工产品。在20世纪70年代,笔者已记事。儿时的我去河边挑水,向下游望去,常会瞭见三四只已升起白帆(这是指有西风的时候)的大船正向榆树湾方向逆流驶来,一会儿河北边的岸上,就有五六个"吭哧吭哧"地拉纤的船工,肩膀上的纤绳深深地嵌入肉中。船上还常常有一位把舵的老艄公和做饭的船工。笔者听了父亲讲的当年他们船运大队工作的艰苦,船工拉纤的画面就一直在笔者脑海里挥之不去。

在榆树湾,除了东湾硫磺厂的仓库南边的厂专用渡口外,在榆树湾西湾的河畔也有一处渡口,那是榆树湾的古渡。这处渡口的历史应比厂里的专用渡口历史更悠久。2018年笔者在"大美准格尔"群发表的《榆树湾陈家大院探究》之"建筑篇""先祖篇"中,提到我的先祖在清嘉庆年间从山西五寨县迁徙到榆树湾,我估计那应该是在榆树湾西湾渡口落的脚。当然这只能是我的想象了。在我儿时的记忆中,榆树湾的老艄公有刘福如老汉、韦五十七老汉、东湾张来喜老汉等。他们都是马栅公社大口口梁大队榆树湾生产队的社员,同时又是生产队船上的把舵人。

说起老艄公,先介绍一下40多年前榆树湾的船,主要归属于榆树湾生产队。这些船主要往返于榆树湾黄河边和太子滩之间,春夏秋三季是这些水上运输工具最忙碌的季节。本地的船和从其他地方来榆树湾运输硫磺的船相比,不一样的地方在于拉硫磺的船体形大,有桅杆;本地的船体形较小,没有桅杆。没有桅杆,当然也就不可能挂起帆来。剩下的装备都一样。把舵的艄公摇的是楣棹，位于船尾；船的左右两侧各有一根类似于桨的设备，榆树湾叫腰棹；此外，当船离岸时需将船从岸边撑开，这会儿用的是撑竿。楣棹和腰棹比较粗，直径大约有10厘米，这两种船具也比较长，其中楣棹又比腰棹长。撑竿的长短和腰棹差不多，粗细和锹把差不多。

上面提到的几位老艄公，现在都已过世。这里重点讲一讲张来喜老汉。张老汉住在榆树湾东湾，是个单身汉。笔者小的时候见过他，干瘦干瘦的一个人。夏天老汉总穿一件裋子，从来没见过扣扣子，裋子里面也永远没有背心，腰间用一根绳子系着裤子，裤腿挽在膝盖上面，这是张老汉夏天的基本装束。经常和张老汉接触的人都知道，这个老汉平时走路"忽飘、忽飘（piāo）"，没有声音，榆树湾人给老汉起了个"轻脚（jie）片小鬼"的外号。船上扳腰棹的和用撑竿的船夫，一般是有点力气的年轻人，因为这些都是力气活儿。儿时的我去黄河边挑水，常看见太子滩上劳作的农民忙完农活儿，正登船准备回榆树湾。船工会将船拉至太子滩滩头，用撑杆将船撑开，老艄公张来喜稳执楣棹，定好方向。4个年轻人熟练地扳着腰棹，在西去的黄河激流中奋力拼搏。在大家齐心协力操作下，船最终停靠在榆树湾渡口的下游。在笔者幼年的记忆中，榆树湾硫磺厂"八二五"学校也有自己的船（也可能是租用榆树湾生产队的），主要用途是把学生从榆树湾渡口运输到太子滩滩头的木瓜滩捡青石，然后把青石运输到榆树湾河畔，再由那边的学生运到石灰窑作为烧石灰的原料。40多年前由程子文老师扮演"艄公"的角色。"八二五"学校在老校长陈宽厚老师的率领下，大搞勤工俭学，在准格尔旗，在伊克昭盟，在内蒙古自治区，那可是响当当的。当然办石灰窑仅是学校勤工俭学的一小部分。笔者在上小学低年级时，就曾参与了从榆树湾河畔到"八二五"学校石灰窑传递青石的劳动。"八二五"学校通过烧石灰等勤工俭学活动，改善了办学条件，减免了学生的学费，锻炼了师生的体魄，产生了良好的经济效益和社会效益,受到了当时榆树湾人民的一致称赞!

时光如黄河水般飞逝而过,时间已进入20世纪80年代。黄河水还在一如既往地向西奔腾而过,榆树湾渡口的船只仍忙碌地在黄河上下游以及太子滩之间穿梭,仍在黄河边挑水的我已将小桶换成了大桶,从儿童成长为少年。上了初中后,此时党的十一届三中全会已开过,党的工作重心已转移到经济建设上来。社会进入改革开放的新时期。改革开放后,我国各项工作步入正轨,社会各项事业蓬勃发展。榆树湾也不例外。1982年秋,笔者离开了榆树湾上了高中。正是在高中阶段,往返太子滩,和榆树湾到河曲的船只换成了机船。1986年夏,我拿到大学录取通知书后,和舅舅一起回河曲,搭乘的就是用柴油机做牵引的机船。再后来,也就是20世纪90年代中期,榆树湾建起了浮桥。20世纪末,为了加快龙口水电站建设,榆树湾建起了连接晋蒙的硬桥。若是老艄公张来喜老汉能活到这个时期,一定会高兴得合不拢嘴了。2019年夏天,我回了一趟榆树湾,专门去榆树湾古渡口绕了一遭。站在黄河岸边,笔者感触良多。国家在发展,社会在进步,交通事业更是迅猛发展。榆树湾渡口船只的变化,折射出来的是国家的发展和社会的进步。

"天下黄河九十九道弯哎,九十九道弯上有九十九条船哎,九十九条船上有九十九个扳船汉来把那船来扳……"我的耳边,又响起这首黄河船工号子来……

奋斗在闪亮的坐标上

王建中　李月琴

刘显亮：在帮助他人中收获幸福

洗得发白的衬衣，袖口里露出磨得到处是线头的秋衣袖口，一条从地摊花30元买的裤子，一双老旧的布鞋。这身打扮，让人很难相信他就是那个历时20多年，出资30万元资助44个贫困学子的刘显亮。

已经78岁高龄的刘显亮在病痛的折磨下，走路需要拄着拐杖，但他在善行义举的路上却没打算停歇。他还到准格尔旗第一中学看望了自己资助了4年的学生。他说："帮助别人我觉得挺幸福。"

说起资助贫困学子的初衷，时隔多年，刘显亮依然热泪盈眶："当年如果不是有92户好人家帮了我一把，我的孩子很可能就没有现在的生活了。"

30年前，刘显亮生活艰难，还供着3个孩子上学。而当两个孩子相继考上大学后，他根本拿不出学费。当初家里穷，刘显亮才上到五年级就辍学了，他不想再让孩子走自己的"老路"。为此，刘显亮四处奔波借钱，最终从92户人家处借到了两个孩子的学费。看着孩子欢天喜地地走进校园，刘显亮在心中暗暗告诫自己：等自己有能力后，一定要回馈这些好心人，同时要为那些濒临失学的孩子做点事情。

"衣服能穿就行，房子能住就行，可是我不想看到那些山沟沟出来的穷娃娃因为没钱念书而留下遗憾。"简简单单的一句话，让刘显亮践行了20多年。

1990年元旦，在神华准能公司上班的刘显亮因为工作出色被评为"先进工作者"，得到500元奖金。刘显亮当即决定把这500元送给生活困难的同事乔云发，让他送聋哑的儿子乔吉林去呼和浩特市特殊教育学校上学。乔云发拒绝了："我不能接受，那个时候他们家也困难，3个儿子都在上学，家里只有他一个人挣工资。"为了让同事老乔接受帮助，刘显亮两次偷偷跑到30千米外的小邮局，匿名给老乔寄钱，帮助老乔渡过难关，帮助孩子上学，这是刘显亮资助的第一个贫困学子。直到十几年后才得知事情真相的乔云发激动地握紧刘显亮的手，哽咽得说不出话来。

刘显亮从1990年开始捐助第一个孩子至今已有25年。从身残志坚的聋哑儿童到离异家庭的单亲娃娃，从准格尔旗薛家湾到周边的清水河、托克托县再到四川、山东、宁夏等外省区，与他非亲非故的受助学生达44名。他资助过的贫困学生如今也大都成才了，有企业家，有走上领导岗位的管理者，有解放军军官……很多受助学生是在被资助几年甚至大学毕业后才知道他们的恩人是谁。

内蒙古农业大学食品系的赵美丽，是第16个受刘显亮资助的学生，如今已毕业参加工作。2007年，正在参加军训的她被叫到办公室，告诉她有位名叫刘显亮的老人要资助贫困生上学，学校推荐了她。赵美丽眼前的刘显亮，一身破旧的工装，拎的帆布包也打着补丁。她判断老人家里一定也不富裕，于是拒绝接受资助。然而，"刘爷爷把2000元放在院长办公室就走了，我追都追不上"。

一位曾经接受刘显亮资助的人给刘显亮写来了信："您的高贵品质

深深影响着我们,让我们学会做人的准则,我们要接过您爱心的接力棒,用实际行动回报您的关怀之情,为报效社会贡献一份力量。"

2011年春节,从全国各地来了29个受过刘显亮资助的学生,和刘显亮一起过年,刘显亮回忆起当时的场景这样说:"那叫个开心红火啊。孩子们来看我,我高兴啊,但我又不希望他们来,一来就要提东西,太破费了。"

刘显亮不光资助贫困学子,只要看到或者听到有人需要帮助,他就慷慨解囊或出手相助。而开始这样的善行义举要追溯到56年前。

当时年仅22岁的刘显亮在包头矿务局厂汉沟煤矿当矿工。有一天他在河边洗衣服,一个孩子突然掉进河里,他想都没想就跳进河里,把孩子救上岸。由于呛水太多,孩子一直昏迷,刘显亮就抱起孩子急匆匆跑了十来里地,呼哧带喘地将孩子送到医院。由于抢救及时,孩子保住了性命。看到孩子没事了,刘显亮就悄悄离开了医院。后来孩子家长经多方打听,找到了刘显亮,想让他做孩子的干爹,他婉言谢绝了。中秋节时,孩子家长又拎着两瓶包头二锅头、两只烧鸡、两盒月饼去拜谢刘显亮,他又坚决拒绝了。

一次看准格尔新闻,看到有人在医院治疗急需用钱,他赶紧凑了2000元钱托人送到医院。

2015年春节,刘显亮曾经帮助过的一家人来给他拜年。刘显亮和细心的老伴儿发现这家人欲言又止,肯定是生活上又遇到了困难,于是把家里过年的钱拿出来送给了这家人。

像这样的事情刘显亮做了一件又一件。

然而,刘显亮并不富有。

作为一名普通的退休工人,刘显亮每个月的平均收入也就2000多元,除了正常开销之外,并没有多少积蓄,但为了帮助那些贫困孩子上学,他自己几乎就没买过几件像样的衣服,甚至经常穿着补了又补的、露着脚趾头的鞋风里来,雨里去。为了将爱心辐射得更远,刘老在退休后又在国华准电公司打了一份零工,每月能挣1000多元的工资。之后,他又在准格尔旗第二中学、世纪中学等地指导花草培育种植,这些打工收入,他又全部用于捐助贫困学生。

好事做得多了,刘显亮其人其事便渐渐传开了。他去钉鞋,有人悄悄地买了水果送他,有人悄悄地把钉鞋费代付了;他去公交站牌等车,有人开车停在他身边,招呼道:"刘老,上车,想去哪里我送你。"他去小饭馆吃饭,饭馆老板死活不要钱;他年纪大了,腿脚不方便,有人悄悄买了轮椅送给他……说起这些事,刘显亮感觉特别温暖和感动,他说:"这些人我都不认识,我也没帮助过他们,人家为啥就要对我好呢?"

赠人玫瑰,手留余香。手中的"香味"让旁人闻着也舒服,就愿意亲近和帮助这有香味的人。

任闰兵是刘显亮志愿服务队的成员之一。2012年,任闰兵正在上初中的儿子任杰叛逆不羁,是学校的"小混混"。为了让儿子转变,任闰兵找到了当时在准格尔旗第二中学浇花种树的刘显亮。任杰暑假的时候,刘显亮就带着任杰一起浇花种树,像朋友般和他聊天,讲自己的故事。任杰的思想渐渐有了转变。现如今,任杰已经高中毕业了,刘显亮还经常去看望他,两人好得就像爷孙俩。任杰说:"我会把刘爷爷的精神继续传递下去,也希望有更多的人加入帮助他人的队伍中来。"

"刘显亮"这三个字已经成为一种精神象征。2015年1月,在刘显亮的事迹影响下,准格尔旗成立了刘显亮志愿服务队,任闰兵二话没说就报了名,他觉得能像刘显亮那样帮助别人是一件非常有意义的事情。短短几个月的时间,刘显亮志愿服务队就已经发展到100多人。在准格尔旗第二中学教书的杨丽也是其中的一名志愿者,她说:"每当看到或听到刘显亮爷爷做好事,我的内心就感觉特别温暖和振奋,在刘爷爷身上,我学会了付出,也收获了幸福。"

刘战先：创办绿色高原的杏仁露

刘战先，男，汉族，1958年9月生，1981年7月参加工作，曾先后在准格尔旗农业局担任秘书、办公室主任、推广站副站长；任准格尔旗国营果品加工厂副厂长、准格尔旗扶贫办工会主席；2003年4月至今，任内蒙古高原杏仁露有限责任公司董事长兼总经理；现任社会兼职有准格尔旗工商联合会副会长、工商联合会第七届执行委员会副主席、准格尔旗农牧业龙头企业协会会长、内蒙古绿色与有机食品协会副会长、内蒙古鄂尔多斯商会副会长。1985年6月加入中国共产党，2008年10月在北京大学商学院工商管理经典班函授学习，获得工商管理本科学位。

刘战先所创办的内蒙古高原杏仁露有限公司，前身为1987年建设的国家"星火计划"项目准格尔旗国营果品加工厂，该厂创建的初衷，除了安排人员就业、增加财政收入外，最主要的还是想通过这个龙头企业带动农牧民植树，绿化荒山，造福百姓。企业随着改革开放的步伐一直稳步向前发展着，到1993年他调离开果品厂时，企业已加入北京果脯蜜饯集团并被列入国家"星火计划"项目，成为全旗林果产业的龙头企业，生产的"天骄"果脯获内蒙古首届那达慕大会新产品铜奖。曾经他对这个自己一手组建起的企业寄予很大厚望，希望它能够不断成长壮大。但现实却无情地击碎了他所有的梦想。1998年，果品厂被改制为准旗天源果品公司。之后由于经营不善，几经改制，2002年企业濒临倒闭，职工面临下岗。

面对眼前的一切，他痛心疾首，一张张熟悉的面庞在脑海中闪现，作为共产党员的他，拥有着时代赋予自己的责任感和绿化荒山，造福子孙后代的神圣使命感。纵有家人百般反对，周围人异样的目光和巨大的资金压力等一系列困难，他仍毅然决然地做了一个在别人看来近乎疯狂的决定，纵使这个决定会使自己一无所有，但为了那些即将下岗、彷徨无助的工人和农牧民焦灼期盼的目光，他也将拼尽全力。

生活中，人们常用"白手起家"四个字来形容人在一无所有的情况下艰苦创业开拓拼搏的奋斗历程。而当时的他却是从负债经营起步的。公司资金短缺，他就用自己的房屋抵押，收回了抵押给银行贷款的资产，吸收23名下岗职工以股金投资入股，修缮厂房、购买原料和包装材料，让生产线运转起来。那一年他住到了工厂里，住的房间阴暗潮湿，墙上的泥经常掉下来。赶上下雨天，外边下大雨，里边下小雨，外边停了里边还不停。工人下班后，偌大的厂区里除了外边的门卫老汉，就是里边的他。就这样每天没日没夜地奔波着，操持着，眼见着跨过了一道道坎儿，可等到年底，他又傻眼了：信用社贷款连本带利要还；原料、包装物料的购买要先付钱；工人都等着拿钱回家过年等难题摆在眼前，距离救眼下之急还有60万元的缺口。无奈之下，他向几位朋友诉说了自己的苦衷，患难见真情，朋友们纷纷慷慨解囊且不要一分一毫的利息，10天的时间里，筹到了所需款项，解了燃眉之急。腊月二十九，当别人举家团圆过大年的时候，员工却在一起加班生产，使公司首次实现了旺季正常供货，这似乎是一个好的开始。

眼看着生产逐渐步入正轨，公司又为产品如何满足市场需求开始发愁，由于人才短缺，自主研发受限，企业通过整合各方资源，先后与内蒙古农业大学和中国农业大学食品科学与营养工程学院进行技术合作。2005年，顺利通过ISO9001国际质量管理体系认证，产品还被中绿华夏有机食品认证中心审定为有机食品，实现了高起点研发、高标准生产。经过几年的快速发展，旧厂房、设备已不能满足市场需求。公司于2009年10月在准格尔经济开发区劳动密集型园区选址，新建年产5万吨的杏仁露生产线项目，该项目总投资9910万元，占地面积12万余平方米，建筑面积2万平方米，引进美国原装全自动整箱打检机、中国台湾全自动灌装机、自动装箱机及其他来自国内一流饮料设备生产企业的辅助配套设备。该项目于2011年正式投产运行，新的生产线较以前的生产线生产速度提高5倍，投产后达到植物蛋白饮料生产领域技术领先水平。

短短十几年时间，由小作坊成长为资产上亿的现代化工业企业，生产能力由几百吨提升到几万吨，产品由普通杏仁露发展到无糖杏仁露、杏仁牛奶、有机杏仁露、酸杏饮料系列。其中有机杏仁露成为全国首款获得有机食品认证的相关产品，杏仁牛奶实现了植物蛋白和动物蛋白的完美融合，萃取技术填补了自治区果汁饮料生产技术的一项空白，2017年又推出以当地小果类为主要原料的干果类产品。为了保证产品质量安全，公司还建立了质量溯源体系，实现了从原料产地到消费者餐桌的全程跟踪，打造了质量安全的绿色饮品，成为准格尔旗的绿色产业新标杆。看着自己经营的企业一跃成为现在的国家林业重点龙头企业、全国乡镇企业创名牌重点企业、自治区农牧业产业化重点龙头企业、农牧业产业化经营三十佳自治区级龙头企业，"准立"和"高原露"成为内蒙古著名商标，产品成为内蒙古名牌和"名优特"产品，他的内心为当初在逆境中的坚持，为十几年陪伴自己和企业成长的伙伴感到无比自豪与感激。在不断提高产品质量，扩大产品规模，塑造品牌形象，征战全国市场的同时，他们快马加鞭地着手布局企业基地建设，把第一车间延伸到山坡地头，使退耕还林的农牧民变为产业工人，践行"绿化荒山，富裕农牧民"的宏伟蓝图。

公司所在的准格尔旗素有"花果之乡"的美誉，属典型的丘陵沟壑山区，林果产业曾是山区农民重要收入来源。但近年来当地大力开发煤炭资源，虽然发展了工业经济，却也带来环境污染及生态破坏，导致农民林果产业收入锐减。此时正值退耕还林之际，在扶贫办有多年工作经验的他深深懂得，退耕农户不能一味依赖国家补贴，否则，一旦国家停止补贴，农民为了养家糊口，就有可能毁林复垦。而要农民退得下，稳得住，就必须大力发展退耕还林后续产业。要想让农牧民大规模栽植杏树绿化荒山增加收入,绝不是喊几个口号、开几个会、许几个美好愿景就能解决的。农牧民文化水平低,经验不足,资金、种苗、基础设施、技术……一个个"拦路虎"使他们欲进还止,趔趄不前,只能小打小闹,要想形成大规模产业化生产比登天还难。为了从根本上解决这一系列难题,经过深思熟虑,多方考察,他们在2007年率先提出"你们开采地下的黑金子,我们编织山头的绿褂子"的发展方向。并在准格尔旗建设"211"工程原料基地(2000亩育苗基地、1万亩杏林博览园、100万亩杏林原料基地)。以投身建设生态大旗为己任,绿荒山、固风沙、清河水、富百姓。充分利用准格尔旗杏树产业资源,促进产业结构调整,以提高杏仁露市场竞争力和增加农牧民收入为目标,以市场需求为导向,以提高杏仁露质量和营养价值为宗旨,建设了2000亩育苗基地、1万亩杏林博览园、100万亩杏林原料基地。采用"公司连基地,基地连农户,龙头企业拉动,全社会参与,政府支持"的产业化经营模式进行建设。

公司免费给农牧民提供山杏苗、网围栏,组织专业技术人员深入杏树原料基地,免费指导群众科学种植,统一管护。向农户提供山杏种植剪技、病虫害防治服务和杏核采集存储指导,以保护价向农户收购杏核,使山杏基地成为公司的第一车间,合同农户成为公司的产业工人,农民和公司结成风险共担、利益均沾的共同体,既保证了企业充足的原料供应,又保证农户有稳定的收入来源。这些措施的实施,极大地调动起农牧民栽植杏树的积极性。为确保杏树栽植项目的顺利实施,企业从规划设计、选苗调苗、打坑整地、栽植浇水等环节层层把关,确保品种质量。为节本增效,公司在原料基地大力推进现代化农业设施建设,积极争取上级支持,整合各级财政项目与企业资金,投资2000多万元,进一步完善基地沟、渠、路等基础配套设施。在十二连城乡的西不拉村建设2000亩育苗基地,在沙圪堵镇的福路、沟门等村建成了万亩杏林博览园。2017年,企业与北京林果研究院签订合作协议,在暖水乡圪秋沟村建设品种示范园,引进杏树新品种40余种,进行示范种植。在原料基地发放多台杏肉脱离机,方便果农收集杏核,相比原始去皮方法,杏核生产率得到极大提高,大大节约了劳动力,减少了成本。为保证工作的顺利进行,他每件事都亲力亲为,奔忙在植树的第一线,饿了啃口面包,渴了喝口凉水,那段时间,体重骤减,糖尿病出现了综合反应,在家人的劝说下,他才住进了医院。

  十几年来,公司把原料基地建设、生态文明建设、产业发展和精准扶贫结合在一起。通过产业帮扶、一二三产业的融合,拉动贫困村经济的发展,让贫困户早日脱贫。公司以租赁形式建设的万亩杏树示范基地覆盖沙圪堵镇福路、沟门两个贫困村。项目从2008年开始实施,公司累计投入资金500万余元,对两个村的万亩杏树进行免费抚育,直接带动了当地果农脱贫致富,使村民真正地成为杏林抚育的产业工人。该项目建成后,直接带动了520户果农,人均纯收入由原来的6858元增加到现在的8650元,户均增收2000多元。预计全旗百万亩山杏基地建成后,将带动农户17000户,户均增收1000多元,让更多贫困户通过生产脱贫。2018年公司与特拉沟门村村民签约,继续践行山杏产业利益联结和产业帮扶政策。

  经过十几年的厚积薄发、开拓进取,快速发展的公司不仅取得了一系列令人瞩目的骄人成绩,还作为鄂尔多斯市绿色产业助力经济转型升级企业,登上了央视《新闻联播》。高原杏仁露二产加工业的迅速发展直接带动了一产种植业,激发了农牧民种植山杏的积极性,使得过去的荒山变成了绿洲,在"待到杏花烂漫时"的季节里,吸引了大批游客,4届高原露"杏花节"共接待游客8.3万人次,创收旅游收入1.16亿元,带动了当地旅游观光业,在融合农村一二三产业发展方面取得了令人可喜的成绩。在防治荒漠化的道路上,高原杏仁露公司将继续为改善生态环境做出更大的贡献!

草感地恩,方得其郁葱;花感雨恩,方得其艳丽;己感彼恩,方得其壮大。现实告诉我们,感恩是一种生存智慧,刘战先感恩同他一起把青春洒在这份产业上的高原露员工们,于是他多方协调,筹措资金为他们盖起了住宅楼,让曾经几代人共同拥挤在狭小旧房中的工人们住上了宽敞崭新的楼房;他感恩多年默默守护高原杏仁露的忠实客户,用高标准的质量要求酿造佳品;他感恩农民,积极响应政府号召,参与"百企帮百村"项目,在产业发展的道路上相互扶持;他感恩社会,为教育事业、地震灾区等捐款捐物,在共建和谐社会的道路上一路同行。在共建和谐社会的道路上使产业做大做强,在公司收获了更多殊荣的同时,他个人也荣获了伊克昭盟科技进步二等奖、准格尔旗首届十大劳动模范、2009年度"创业之星"称号、2012最具成长潜力奖、鄂尔多斯市市长质量(个人)奖、全国离退休干部先进个人荣誉称号、全区离退休干部先进个人荣誉称号、全市离退休干部先进个人荣誉称号、准格尔旗"优秀企业经营管理人才"奖、光彩事业国土绿化贡献奖;先后被评为全旗优秀工作者、准格尔旗优秀科技工作者、全旗优秀党务工作者、准格尔经济开发区优秀党务工作者、2005年度准格尔旗"十佳主人"、开发区安全生产工作先进个人、鄂尔多斯市和准格尔旗非公有制经济优秀企业家、全旗现代农牧业建设工作先进个人、准格尔旗非公有制经济优秀企业家等称号。这些荣誉与其说是个人的,倒不如说它是属于所有高原杏仁露员工的。

在杏产业上奋斗了十几年,有三件事让他感到欣慰:第一件是如今杏林已在准格尔大地延展,第二件是那么多的人认可自己的产品,第三件是企业职工和乡亲们获得了收益。在别人看来,他用崇高的信念和超凡的智慧使濒临破产的企业起死回生,打造出享誉全国的绿色产品;用坚忍不拔的意志和勤劳的汗水播种出漫山遍野的绿色希望,使准格尔旗的山更绿,水更清,给子孙万代留下了细水长流的绿色财富。但在他心里,这份事业早已不是给自己带来经济利益这么简单,它是一份义不容辞的责任,他将用自己的全部心血和生命继续践行"让大地杏花烂漫,企业蓬勃发展,百姓幸福安康"的愿景,践行一个共产党人全心全意为人民服务的根本宗旨,做一个无愧于这个伟大时代的绿色守护使者!

千八音:带领村民集体致富

千八音,男,蒙古族,中共党员,1965年1月生,1998年7月加入中国共产党。历任准格尔旗纳日松镇勿图沟村村委会主任、准格尔旗那日松镇勿图沟村党支部书记;准格尔旗第十二、十四、十五、十六届人大代表;鄂尔多斯市第一届、第二届党代表;鄂尔多斯市第三、四届人大代表。

作为一名农村的党支部书记,千八音扎根农村,默默耕耘,带领全体村民走上了致富之路,先后被授予"内蒙古自治区劳动模范先进工作者""鄂尔多斯市十大杰出青年""鄂尔多斯市优秀基层党组织书记""准格尔旗优秀基层党组织书记""准格尔旗十佳勤劳致富带头人"等荣誉称号;作为一名普通农民共产党员,他无私奉献,发挥模范带头作用,积极捐助贫困学生,获得"准格尔旗关心下一代先进工作者"荣誉称号;他用实际行动诠释了党员干部的先进性,在群众中树立了良好的形象和较高的威望。

一、面对贫困积极寻找出路

1981年7月,和许多农村孩子一样,初中毕业的千八音回到了老家勿图沟村务农。他勤劳能干、头脑灵活,还富有担当、乐于助人,很快就在群众中树立了威望。1982年9月,年仅17岁的千八音被村民推选为勿图沟村杜家沟合作社社长。由于工作出色,27岁时,千八音被推选为勿图沟村村委会主任。当选村干部后,千八音开始全身心地投入到改变村子贫穷落后面貌、增加老百姓的收入的工作中。由于当时勿图沟村土地贫瘠,耕地面积有限且多为旱田,每家每户基本上是靠天吃饭。在地处干旱地区的黄土高原上,村民们尤为渴望拥有水田。几经思考后,千八音想出了"移河造田"的策略。想法一经提出,便得到了村民们的积极响应。没有大型机械设备,村民们就用铁锹翻土、用箩筐运土,凭借着对水田的渴望和对致富的憧憬,经过近半年的努力,移河造田工程终于完成,整个农业合作社新增水田30余亩,村民们对这个年纪轻轻的村主任充满了信任。

由于当时西部地区沙尘暴频发,土地荒漠化严重,国家提出了退耕还林的政策,这一政策在一个世世代代以放牧为生的地区实行起来是何等的困难!面对村民们的不配合,千八音挨家挨户上门做思想工作,解释退耕还林的好处及造福子孙后代的长远意义。经过他的努力,最终,村民们接受了退耕还林的政策,勿图沟村也率先落实了这一政策,成为周边村子的榜样。

随着时代的发展,经济落后的准格尔旗勘探出丰富的地下矿产资源——煤炭,勿图沟村也不例外。时任村主任的千八音敏锐地发觉这一发展机遇,他和其他村干部协商后决定以村集体的名义开煤矿,带领全体村民共同致富。主意一定,村领导班子开始四处奔波,收集信息资料,办理相关证件,1995年,勿图沟村2座年产6万吨的煤矿正式投产,村里拥有了自己的集体经济。经过5年的发展,村集体经济达到了年均10万元的收入,村民人均年收入由1995年的500元增加到3000元。村里有钱了,千八音首先想到的是尽快改善村民的生活,在他的建议下,勿图沟村由原来的挖井挑水吃发展成了自来水供水,由原来的风力发电、煤油灯照明发展为通电照明,原本寥寥无几,狭窄且尘土飞扬的乡间土路改建成了四通八达的柏油马路,村民的生活质量得到了大幅提升。

二、抓住机遇带领村民集体致富

由于国家政策的变化,2000年以后国家开始关停部分小规模的煤矿,施行大公司大规模有序开发的策略,勿图沟村的集体煤矿也被迫关停,村里的收入立马就不行了。"别人"在"自家"土地上开发资源挣钱致富,而自己的村民却只能眼巴巴地看着无法参与其中,时任村支部书记的千八音看在眼里,急在心上。既然煤矿开不成了,那做煤炭运销会不会是条出路?在几经思考和多方咨询后,千八音决定开一家煤炭运销公司。但由于没有经验,担心有风险,村民们都持观望态度,不愿冒险投资。没办法,千八音只好自己拉大旗开公司。借钱,贷款,办执照,跑手续,几经波折,2005年,千汇煤炭运销有限责任公司终于成立了。经过两年的努力和奋斗,公司的发展和运营良好,千八音走上了富裕的道路。富了不忘众乡亲,千八音没有忘记村民们,在他的准许下,村民们纷纷入股千汇煤炭运销有限责任公司。由于煤炭市场发展良好,2008年,千八音又组织30多户村民投资600万元,成立了准格尔旗民泰汽车运输有限责任公司,从事煤炭运输经营。到2011年,两家煤炭运销企业解决了本村60多名劳动力的就业问题,入股村民每户年均分红10万元。

勿图沟村内有多家煤矿企业,随着煤矿效益日益提高,村民对土地补偿、务工等方面的期望值也逐渐提高,企民矛盾日渐增多。千八音像个消防员一样四处"灭火",忙得焦头烂额。为了化解部分煤矿与村民的矛盾,千八音创新性地提出建立村企共建联合党支部的设想,以此带动村企之间建立合理的协商、协作和利益分享机制。在千八音的组织协调下,勿沟村党支部与内蒙古伊泰煤炭集团股份公司宏景塔一矿等8家企业建立联合党支部,成为共建伙伴,村企负责人用交叉任职、联合办公的方式有效化解了村企矛盾,进而带动煤矿、农村、农民互惠互利,共同发展。多年来,村党支部协助企业征地3000多亩,搬迁农户130多户,企业吸纳勿图沟村240多名村民务工,雇用村民的转载、运输车达50多辆。同时,各煤矿出资近40万元为勿图沟村修了30多千米道路,并投资70多万元帮村民建了自来水管网。村民的年人均收入自2000年的3000元增至15000元。

集体经济发展了,挣到钱了,千八音想的还是如何反哺村民。他利用发展集体经济挣来的钱,成立了村级合作医疗服务,建立了村委会医院,村民们小病村里报销,大病村里补贴报销,一举解决了村民们看病难、看病贵的难题。

三、积极扶贫关心下一代发展

百年大计,教育为本。千八音深深懂得,要想摆脱家乡贫穷落后的面貌,必须发展教育事业,让更多的孩子用知识改变命运。由于缺少经费,镇子上的学校到了冬季经常没炭烧,学生们的宿舍取暖成了问题,每年冬天孩子们总会受冻。"苦谁也不能苦孩子,穷啥也不能穷教育。"千八音每年都会无偿地给学校送一部分炭。刚开始是自己挖炭用三轮车送,后来经济好了就用卡车送。随着村里的经济发展,好多家庭发现家乡开了煤矿钱好挣了,就开始萌生让孩子退学到煤矿上班挣钱的念头,有些孩子也不好好学习了。看到这种情况,千八音开始借各种机会给村民们做思想工作,让村民们目光放长远,知识才是力量。为了鼓励孩子们上学,在千八音的倡议下,村委会每年从村集体经济收入中拿出一部分钱,设立奖学金,奖励村里学习成绩好的学生。每年专门为考上中专和大学的学生开会颁奖,增加奖励金额。经过这样的宣传和奖励,村民和学生对考上好学校的荣誉感倍增,学习的劲头儿也提高了不少,全村孩子的辍学率显著下降。

千八音不仅关心自己村子的孩子受教育情况,还关心周边村子的学生受教育情况,总是自掏腰包资助那些因家庭贫困濒临辍学的孩子。在他的影响下,勿图沟村先后有16名企业家加入捐资助学的行列,累计捐资30余万元,解决了20多家贫困户学生上学问题。他的付出也得到了社会的认可,他被准格尔旗政府授予了"关心下一代先进工作者"的荣誉称号。

"既然村民相信我,让我担任村干部,我就要把群众的事情办好,把村里的事情办好,绝不辜负大家的期望。"这是1999年千八音当选勿图沟村党支部书记时的郑重承诺。从社长到村主任,从村主任到支部书记,30多年的时间里,他时时刻刻站在村民的角度考虑问题,想方设法,一门心思地带领着村民摆脱贫困,摆脱落后,实现致富。2018年,由于身体和年龄的原因,千八音主动辞去村党支部书记职务,但是应上级部门要求,与全体村民的极力挽留下,千八音仍担任监委会主任的职务。虽然离开了村党支部书记的岗位,但他仍在为村里的发展贡献着力量。村民们遇到问题,还是愿意来找"老书记",因为他们信得过"老书记",知道"老书记"肯定会为他们着想。

苏巴音:植树造林的标兵

苏巴音(1908—1964年),蒙古名巴音达赖,男,蒙古族,光绪三十四年(1908年)十二月十六日出生于山西省归绥道伊克昭盟准格尔旗大路召沟子村(今内蒙古自治区鄂尔多斯市准格尔旗大路开发区)。1958年至1961年曾任准格尔旗东孔兑长胜人民公社副社长,后为了发展国家的林业事业,带头辞去公职,回到召沟子村,带领社员植树造林,防治风沙。1959年10月,苏巴音到北京参加全国群英大会,并被评为"全国先进生产工作者"。

苏巴音出身农民家庭,年轻时长期务农,磨砺成庄稼地里一把好手。中华人民共和国成立后,他积极投身到建设社会主义的热潮中,先后担任自然村村长、高级农业合作社主任,因工作积极,觉悟高,1958年11月至1961年9月,担任东孔兑长胜人民公社副社长。

苏巴音的家乡召沟子村地处库布其沙漠最东部,在1950年前,村子周围是漫漫黄沙,耕地遭受着风沙的侵袭,农民生产生活条件恶劣。为治理风沙,让家乡披上绿装,他开始依靠一家之力植树造林,卖光了自家的自留羊和鸡蛋,骑上毛驴外出购买树苗。毛驴驮回树苗,全家老少挖坑担水,硬是在寸草不生的沙漠种活了树。他用自家的实践证明:"栽树胜过种大田,两年还本三年赚钱。"

1956年,苏巴音参加在呼和浩特市举办的内蒙古果树栽培培训班,带回83株苹果、梨等果树苗,社员说"门前栽果树,辈辈出寡妇",他不信这个邪,把83株果树全部栽到自家门前的园子里,经过精心管护,结出了果实,这是准格尔旗北部有确切记载的最早种果树纪录,破除了当地不能栽果树的迷信。

苏巴音热爱文化宣传,为宣传植树造林,他将自己种树的经验编成民歌、快板、顺口溜,利用大会、小会等人多的场合,一有机会就宣传植树造林的好处。为组织发动社员植树造林,他辞去国家干部的公职,心甘情愿回到生产大队当了普通社员,一心一意投身到造林治沙,建设社会主义的伟大事业上。植树造林,绿化祖国,发展经济,共同富裕一直是苏巴音一以贯之的不懈追求。

在苏巴音同志的带动下,1956年至1957年,准格尔旗大路人民公社召沟子生产大队共造林1776亩,其中果树106亩、育苗83亩,果树品种有杏、桃、海棠、苹果、梨、槟果、葡萄,还引进了当地稀有的梧桐树、槐树等树种。这些树长成后,每年秋天,满坡满沟果香袭人,吸引了不少外地客人来参观学习。到1963年,召沟生产大队培植出一条宽5米,长5000米的防风固沙林带,栽培用材林660亩,办起1个10亩大的集体果园,栽植各种果树41860株。不毛之地的召沟子,成了林茂粮丰、花果飘香的好地方。准格尔旗人民政府及时在全旗推广了苏巴音造林法,一时间,7000平方千米的准格尔大地上掀起了植树造林、绿化祖国的热潮,全旗的青壮年劳动力持之以恒地投身到绿化准格尔旗的事业中,取得了辉煌的造林成就。

1956年、1957年、1958年,苏巴音连续3年被评为伊克昭盟水利林业建设劳动模范。1958年2月,苏巴音到内蒙古呼和浩特市参加内蒙古自治区劳动模范表彰大会,被评为全区林业劳动模范。1959年10月,他赴北京,光荣地参加了在新建成的人民大会堂召开的全国工业、交通运输、基本建设、财贸方面社会主义建设先进集体和先进生产者代表大会,被中共中央、国务院授予"全国先进生产工作者"荣誉称号。1961年,他代表准格尔旗造林模范,在呼和浩特市参加内蒙古自治区农牧业生产先进集体和先进生产者代表大会,被评为全区农牧业生产积极模范。

1950年到1964年,苏巴音带领群众在大路乡召沟子村和库布其沙漠进行林业绿化建设15年,取得了巨大的成功。发展出了苏巴音精神,即积极生产,积极工作,忘我奉献,争当模范。苏巴音和达拉特旗的徐治民、杭锦旗的奇治民、乌审旗的殷玉珍一样,成为伊克昭盟建设社会主义的模范和永远飘扬的旗帜。也是全国林业工作岗位上的一面旗帜。

苏巴音的造林事迹激励和影响了几代准格尔人民。通过全旗人民70年的陆续奋斗,绿色准格尔的奋斗目标已经基本实现。

昔日,准格尔旗曾经被列为国家水土流失重点监督区和治理区,全旗92.5%土地是水土流失区;1960年至2018年全旗进行大规模生态恢复建设,全旗范围内的300多条小沟、小河、小流域得到全面的治理和生态恢复,到2018年,全旗水土保持绿色综合治理保存面积达到4586.27平方千米,全旗累计完成水保生态建设投资10.41亿元,准格尔旗的林业草原和绿色植被覆盖率由20世纪50年代初的10.5%提高到72%,绿色森林覆盖率达到28.65%。2010年,准格尔旗被水利部评为全国首个水土保持生态文明县。

附：造林十二月[1]

正月里看花灯,地下阳气向上升,黄河冰坝要解冻,榆树芽芽发了红,造林计划要制订,护林公约要实行。嗯哎嗨嗨哟!毛主席号召多造林,那个咿呀嗨!

二月里来地气开,杨柳树芽儿快上来,咱们宣传造林来,组织开会搞绿化,老乡植树到河畔,集体造林几十万。嗯哎嗨嗨呀!河畔要造大林带,防风固沙靠林海,全旗人民齐动手,绿化祖国做贡献,植树造林功德厚,家家户户要向前,青山绿水一道道沟,幸福的日子在后头,满山栽遍杨柳树,心头的幸福在激荡,那个咿呀嗨!

三月里来是清明,杨柳树芽绿茵茵,咱们造林要开工,男女老少齐劳动,栽上一层又一层,一防沙来二防风,三利国来四利民。生产劳动要积极,共产主义靠奋斗,嗯哎嗨嗨呀!谁造林来谁光荣,谁护林来谁光荣,那个咿呀嗨!

四月里来杏花白,男女老少把树栽,栽上榆树刚上来,看守的牛羊少放开,注意牲畜不糟害,谁要糟害就谁栽。嗯哎嗨哟呀!谁要糟害就谁栽,那个咿呀嗨!

五月里来热气来,栽上杨柳要灌溉,栽上的榆树快上来,浇上一水长得快,一边浇水一边栽,栽树的功夫没白费。嗯哎嗨哟呀!栽树功夫没白费,那个咿呀嗨!

六月里来入伏天,雨季造林正当时,就砍就栽不要干,掌握时间当天完,蹚过水来把地翻,雨季造林干一番。嗯哎嗨嗨呀!植树造林干一番,人生的事业干一番,能做一堆有利事,青史留名乐悠悠。激情燃烧正当年,造林的目标要实现。那个咿呀嗨!

七月里来七月七,不让牲口啃树皮,牛倌羊倌多注意,树林本是人民

---

[1]《造林十二月》,是苏巴音编辑的造林歌曲,韩来福修订。

的,大家栽树不容易,人人保护要注意。乡规民约要执行,小善小德成大海,做事就要做好事,做了善事心里美,嗯哎嗨嗨呀!积累功德了不得,绿化祖国靠实践,那个咿呀嗨!

八月里来是中秋,植树造林人人牛,造起林木绿油油,防住风来挡沙丘,精耕细作地流油,农牧业生产大丰收。确定了目标加油干,看见树林心喜欢。一代一代多栽树,要把祖国绿化遍。嗯哎唉嗨嗨呀!农牧业生产大丰收,幸福的日子靠建设,那个咿呀嗨!

九月里来秋风凉,一层白露一层霜,杨树叶子发了黄,几万亩苗儿栽路旁,几年就要成栋梁,做成农具与桌箱。嗯哎嗨嗨呀!将来我们盖新房,现代的生活要实现,那个咿呀嗨!

十月里来正入冬,全年造林要完成,诸位老乡仔细听,保护林木不放松,一防风来二防冻,飘上雪花冻成冰。嗯哎嗨嗨呀!保护林木不放松,执行纪律责任重,那个咿呀嗨!

十一月里雪花飘,家家户户有柴烧,热炕头儿烧得好,牛羊肥大圈里跑,米饭烩菜吃得饱,丰衣足食光景好。嗯哎嗨嗨呀!社员生活大提高,农牧林水大建设,那个咿呀嗨!

十二月里要过年,总结造林好经验,服务群众多尽责,建设蓝图心中绘,粮满仓来果满园,共产主义要实现。嗯哎嗨嗨呀!劳动竞赛几十年,共产主义要实现,那个咿呀嗨!

魏仰浩:糜黍专家

魏仰浩,男,汉族,1932年8月出生于浙江省余姚市。中共党员,研究员。曾任准格尔旗纳林良种场副场长,伊克昭盟农业科学研究所所长,伊克昭盟政协委员会副主席等职。是中国作物学会粟类作物专业委员会副主任兼黍稷学组组长、中国农学会遗传资源委员会委员、内蒙古农学会理事。

1957年,魏仰浩在北京农业大学学习期间被错划为"右派"人员;1957年12月,分配到内蒙古伊克昭盟农牧处工作。1959年,到准格尔旗马栅人民公社红旗生产队蹲点搞研究;1959年10月,调伊克昭盟农业科学研究所工作;1970年,到准格尔旗纳林人民公社蹲点抓生产;1971年10月至1973年10月,全家下放准格尔旗纳林人民公社安家渠生产大队插队;1973年10月至1980年3月,在准格尔旗纳林良种场工作,任农艺师、副场长;1980年3月至1985年5月,历任伊克昭盟农业科学研究所副所长、所长;1985年5月至1990年1月,任伊克昭盟政协委员会副主席;1990年1月至1993年7月,任伊克昭盟农业科学研究所所务委员会主任。1993年7月退休,后移居湖北省武汉市。

魏仰浩长期从事糜黍育种、栽培、品种资源研究。他系统研究地方农作物优良品种,评选出东胜二黄糜、杭锦旗小白黍、准格尔旗紫秆红黍等适合本地区播种的新品种,其中东胜二黄糜被列入全国《1949－1979年糜黍品种育成》序列。他系统育种,育成伊选大红糜、疙疸小红糜、内糜4号、白7219糜等新品种,其中内糜4号获内蒙古科技成果三等奖。他杂交育种,育成内糜2号、内糜5号、伊糜1号、伊黍1号等新品种,其中:内糜2号是我国第一个利用有性杂交技术育成的粳性糜子品种,获内蒙古科学大会奖;内糜5号成为全国品种审定委员会第一批审定命名的两个品种之一,获内蒙古科技进步三等奖;伊糜1号和内糜5号在育成推广20年后的2008年,被全国专业会议评为优质品种。他收集研究品种资源,完成内蒙古1055份糜黍品种资源选入国家种子库的任务,其中糜633份,黍422份;他与山西省等五省区兄弟单位协作,完成《中国黍稷品种资源编目、繁种和特性鉴定评价》。1986年至1990年,他完成内蒙古自然科学基金会资助项目《糜子基础理论研究》,获内蒙古科技进步三等奖。

他的专著《糜子的育种与栽培》,1980年由内蒙古人民出版社出版,是国内第一部关于糜子的专著。他主编的《中国黍稷（糜）论文选》，1990年由农业出版社出版。他与人合作编纂的《中国黍稷（糜）品种资源目录》1985年由农村读物出版社出版，《中国黍稷品种志》1990年由农业出版社出版，分获山西省科技进步二等奖、农业部科技进步三等奖。他为1990年出版的《中国大百科全书》（农业卷）和1991年出版的《中国农业百科全书》（农作物卷）撰写了糜黍条目。他为1994年由中国农业出版社出版的《中国作物遗传资源》一书撰写"黍"一章，他还是1996年由中国农业出版社出版的《中国黍稷》一书主要撰稿人和审稿统稿人。他在省级以上会议、刊物发表论文49篇，其中在全国性学术刊物上发表24篇，较为重要的论文有《试论黍的起源》《我国黍稷品种资源的研究》《糜子杂交种主要性状的遗传》《中国糜子生态型研究》等。

魏仰浩是新中国第一批农业科学家，长期在中国西部地区从事农业科技研究和优良品种培育工作，为伊克昭盟和内蒙古的农业科技事业做出了积极的贡献。

在伊克昭盟政协工作期间，魏仰浩积极履职谏言，每年都有高质量的委员提案提交伊克昭盟政协常委会。他走遍了伊克昭盟的每一个旗区，心系政协事业，心系人民群众，心系科技研究，做出了卓越的成绩，是老一辈科学家的模范和代表。

魏仰浩多次被评为伊克昭盟劳动模范，两次被评为内蒙古先进科技工作者，两次被评为内蒙古自治区劳动模范；1983年7月，被国家民委、劳动人事部、中国科协评为少数民族地区先进科技工作者；1986年5月，中华全国总工会授予他"全国优秀科技工作者"称号和"五一劳动奖章"；1992年起，享受国务院颁发的政府特殊津贴。他的事迹收入中国杰出专家人才业绩风采网和《世界优秀专家人才名录》。

邬生盛：一个好校长

邬生盛，男，汉族，1958年出生，中共党员，高级教师职称，内蒙古作家协会会员，全国教育家协会会员，中国中外名人文化研究会高级会员。曾任中学化学教师、教导主任，准格尔旗教育局教研室主任等职，1994年9月4日至2018年3月4日任准格尔旗第一中学校长。1994年起创立并领导教育改革方面的五项国家级课题，已全部结题；个人专著主要有诗集《细雨如丝如梦》和教育随笔集《教育·人生·思考》，主编《教育多元化教育人生化》《中小学班主任职业生涯规划手册》等。

准格尔旗第一中学（以下简称"旗一中"）是一所历史悠久、文化底蕴深厚的学校，60多年来积累了丰富的办学经验，取得了很好的办学效益和办学成果。它具有优雅的校园环境、优质的教学资源、先进的现代教育理念、优良精干的师资队伍、健全的运营机制、完善的管理制度和人性化的管理方式。

准格尔旗政府自1999年7月搬迁后，本旗政治、经济、文化中心随之转移，随即而来的是大量学生的流失，骨干教师选择优势地域和优厚待遇，纷纷调离。人们担心这所学校能否办下去。然而，几年后，这所学校的学生人数由1200余名达到了3000余名。原因何在？答案是这所学校有一名善于开拓进取的好校长，这位好校长就是邬生盛。

邬生盛有着自己独特的教育思想和教育理念，他在总结经验的基础上，提出了"一体两翼，三种教育"相结合的办学模式理论，探索符合素质教育规律的开放式办学，实现"将普通学生培养成优秀人才"的办学宗旨，体现学校"培养全面发展的人才"的办学特色。

邬生盛认为：高中教育是整个教育事业的重要组成部分，是连接九年义务教育和高等教育的纽带。因此，大力改革、发展高中教育，乃是当前和今后一段时期我国高中教育必须面临的时代课题。近年来,随着人民群众物质文化生活水平的普遍提高,子女接受良好的高中教育已经成为群众性的基本愿望和要求。时下,高中教育之所以能有这么快的发展步伐,首先是知识经济时代,广大人民群众认识到高中教育的重要性和必要性,其次是广大人民群众刺激了高中教育激烈的竞争与市场环境下的市场效应和效益,最后是学校之间相互竞争,彼此之间抢好学生、挖名师,迫使高中教育不断改善办学条件,优化教育资源组合,扩大办学规模,改革教材教法,研究新课程改革以促进教学。

对于高中教育未来的发展,邬生盛认为:在未来的几年内,高中教育必须更好地满足社会需求。高中教育办学的发展,不仅要表现在进一步挖掘内涵上,更要表现在扩大外延上,高中教育必须有较高的起点和层次,以适应社会经济与当地发展对人才的需求。

鉴于以上认识,邬生盛指出,办学校首要的是体现教育的现代化办学特色。学校高中教育不单是培养和造就大学生,还应该成就不同知识层次的学生实现人生理想,满足不同知识层次的学生尤其是教育基础差的学生的成才愿望,让学生尽可能地到达理想的"目的地"。一位好校长,就是一所好学校的内涵,身为校长就要不断加强学习,坚定自己的办学理念,办出学校的特色,以特色提升教学水平。

"体现教育的现代化办学特色,有助于提升高中教育的人才培养规格。"邬生盛说。也就是高中教育所培养的学生,应该具有广泛的适应性、较强的可塑性和发展的多样性。

对此,邬生盛以敏锐的逻辑思维和辩证的教育理念做了进一步阐述。他说,首先应该创立自己独特的适应时代发展、适应人的发展、适应学校的发展、适应教师队伍的发展、适应社会各项事业发展的新的教育思想和办学模式,并在自己的工作实践中不断创新、发展。其次校长的工作是学习化的工作,校长的学习是工作化的学习,在学习中提升自己,提升学校的管理水平和能力。最后,校长不仅是学生的老师,更应该是时代潮流的领航员。

邬生盛结合实际,分析现状,总结经验,探索改革,创新实践。在长达10多年的治校、办学经验的基础上,提出了"一体两翼、三种教育"相结合的特色化办学思路。即以普通高中教育为主体,以发展民族教育(加试蒙语)和职业教育为"两翼"的三种教育相结合的综合性、特色化高中教育办学模式。

在培养学生成才的过程中,突出"一体",以普遍高中教育为主体,为名牌大学输送人才,突出金牌效应;培养专长,让体艺生发挥特长,造就专业性人才;发展民族教育(加试蒙古语)和职业教育,壮大两翼。实现"让更多的孩子享受普通高中教育"和"努力引导每一位学生走向自己的成才之路"。教育教学中坚持学校教育的"三个面向"——面向学生心灵,面向学生素质,面向学生发展。这既是党和国家素质教育思想的体现,又是准旗一中"培养全面发展人才"的办学理念、"将普通学生培养成优秀人才"的办学宗旨在"一体两翼,三种教育"相结合的办学模式下践行。

一所学校同时办三种教育,打破传统教育受师资、学生素质、设施的局限,满足了不同层次、不同知识文化水平学生的成才愿望和实现他们人生理想的起步条件,扩大了教育覆盖面,不仅关注优秀生成才,更重要的是兼顾普通学生的进步、发展与成长,更深刻的是将三种教育融为一体,使三种教育的每项教育事业都呈现勃勃生机。这种普通高中教育、民族教育和职业教育三位一体的办学模式,使得学校在办学方式上有很大的灵活性,在学生前途和理想的选择上有自主性,在学校管理模式的探索上有很强的实践性,在普及高中教育和推进素质教育改革上有更大的自主性,在教育理论研究的创新上有较强的科学性。准旗一中这种以普通高中教育为主体,以民族教育(加试蒙语)和职业技术教育为两翼的办学模式,实现了规模、速度、效益同步增长,和谐发展的目标为实现不同层次学生的人生理想搭建了更宽广的立交桥。

2006年高考，在生源极差的情况下，准旗一中应届生囊括了该旗文、理科状元，并再次突破600分大关，夺得了高考排名全旗7项第一。2007年高考又一次取得了好成绩，开创了9个突破（按可比计算），成绩提高率居全市第一。这一切都证明了该校"一体两翼、三种教育"相结合的办学理论的科学性，也体现了该校的办学模式有强大的生命力和发展空间。

硕果令人欣喜，办学理论令人深思，办学模式令人振奋，这一切都使得招生形势喜人。准旗一中的招生不仅吸引了准旗境内的学生，也吸引了周边地区的生源，有东胜、五原、包头、乌海，山西省的河曲县、偏关、陕西的府谷县、清水河、托县、凉城等地区的学生学习于此，生源覆盖面呈现扩大化趋势。学校办学产生了磁场效应，促进了不同层次学生的成才愿望。

2007年4月"一体两翼、三种教育"相结合的办学模式被教育部中国中小学幼儿教师奖励基金会、中教创新教育研究院确立为国家教师科研基金"十一五"规划国家级重点课题。

"一体两翼、三种教育"相结合的办学模式是一个具有深刻时代意义的教育科研理论，更是具有深远意义的办学研究课题。对于它的实践、探索与研究不仅有助于在新形势下全面推进素质教育，同时也有助于促进学生多元发展，还在学生能力培养、开辟前途方面有着非常重要的现实意义和深远的教育影响。所以，邬生盛表示：在工作中要勇于解放思想，并在解放思想中统一观念，用发展的观点看问题、指导实践，让准旗一中成为先进教育思想的前沿，成为培养优秀教师成长的沃土，成为"培养全面发展的人才""将基础条件较差学生培养成优秀人才"的摇篮，成为实现素质教育的典范。

邬生盛现已退休，却依然在准旗教育战线上发挥着余热。现任准格尔旗教体局责任督学和"准格尔旗教师专业发展"课题组组长。

邬生盛荣获如下荣誉：

2005年、2006年两次被评为全旗优秀校长。

2005年担任国家级"十五"规划课题《中小学英语真实阅读教学推广实验》课题组副组长。

2005年5月担任的国家"十五"规划课题《中小学作文教学理论及操作体系》经专家验收结题。

2006年在准一中和同事一起负责承办"全国中学语文新课程教学观摩暨研讨会"，反响强烈。

2006年被评为全市优秀教育工作者。

2006年被中教决策中心教育规划专业委员会、中国教研教育科技研究院、中国教育决策网联合评为"全国创新型校长"，同时学校被评为"国家教育科研创新型学校"。

2007年4月，邬生盛提出的"一体两翼、三种教育"相结合的办学模式被教育部中国中小学幼儿教师奖励基金会、中教创新教育研究院确立为国家教师科研基金"十一五"规划国家级重点课题，邬生盛担任实验课题组组长。该课题从2005年4月开始提出，并实践，见效明显，曾于2006年12月16日人民大会堂召开的"国家教师科研基金教学科研优秀教师表彰大会"上做过经验介绍，同时学校被评为"全国科研兴教示范单位"，受表彰。

2006年7月，被评为内蒙古自治区"百名优秀校长"。

2007年7月，被中华全国教育家协会评为"中国百名优秀校长"，同时获得"中华全国教育家协会会员"资格。

同年11月，被中华全国教育家协会聘为副会长（任期5年）。

为使"一体两翼、三种教育"相结合办学模式的整体改革全面实施，教育部于2007年9月22日在准格尔旗第一中学挂牌成立"国家教师科研基金'十一五'规划重点项目科研实验区",邬生盛担任实验区常务副主任,学校第二次被评为"科研兴教示范单位"。

2007年11月,先后被选举为准格尔旗人大代表、鄂尔多斯市人大代表。

2007年11月,赴美国哥伦比亚大学参加校长培训。获校长培训结业证,成为哥伦比亚大学对中国校长培训的第四期学员。

2007年12月,中国大地出版社出版的《教育创新理论与实践》专著,110万字,担任副主编。

2008年1月,在学校整体改革的基础上,提出3项科研课题("三全管理"在构建和谐校园中的作用,实施开展"校内三个面向"的意义及价值,"三项发展"及其相互关系),3项科研项目同时被批准确立为教育部国家教师科研基金会"十一五"规划重点课题,学校因此第三次获"全国科研兴教示范单位"称号。

2008年4月,被中国教科文卫促进会授予"全国优秀人民教育家"荣誉称号,同时聘任为中国教科文卫促进会教育工作委员会"专家委员"。邬生盛档案正式存入"中国高级教育专家库"。档案编号:ZJ07-JKWW2124。

2008年5月,被中国中外名人文化研究会、中国爱国精神文明研究会授予"全国劳动英模"称号并获勋章一枚,同时在全国政协礼堂出席了全国劳动英模五一座谈会。

2008年5月,被中国管理科学研究院和中国教育学会教育政策与法律研究专业委员会授予"第二届中国教育管理科学人物"荣誉称号。学校被确立为"一线教育百家讲坛常务理事单位"。

2015年,被评为鄂尔多斯市十佳校长。

岳军换：风雨过后是彩虹

1971年农历八月，虽然才入初秋，但秋意却比往年更萧瑟，西伯利亚的寒冷空气早早地南下，冬天似乎已经来临，在内蒙古伊克昭盟准格尔旗薛家湾镇王青塔村后独立沟一户贺姓人家，一名男孩诞生了。

孩子的降生没有给这个家庭带来丝毫的喜庆，反而带来无尽的惆怅，这是为什么呢？原来这是这个家的第九个孩子，正值"文化大革命"时期，农村经济非常落后，物质匮乏，再加上多年政治运动的影响，农民都过着半饥不饱的日子，对于一个普通人家来说，要养活9个孩子那是多么不容易的事啊！贺家夫妇俩面对抱在怀中张着小嘴巴嗷嗷待哺的小男婴，愁容满面。

就在夫妇俩一筹莫展的时候，家里来了人，这个人叫岳绍才，是同村的邻居，20多岁，单身，因为贫困娶不上媳妇，他想抱养一个孩子，将来有个依靠，听说贺家嫂嫂生了个男孩，又因为养不活而想把孩子送人，于是上贺家来问问。就这样贺家夫妇把自己第九个孩子送给了岳绍才。

这个孩子也就随着养父改姓岳了，养父为小男孩取了个响亮的名字叫军换。

岳军换奶奶（养祖母）说，养父把军换抱回家后，又去邻村帮军换找了个奶妈，那家提出要每月给四元五毛钱作为报酬，军换养父毫不犹豫地答应了。在那个年代，普通人家一年所挣的工分也就是几十元钱，更何况家里只有军换养父一人在队里干活，自那以后，家庭负担重了，但养父脸上堆满了笑容，他更勤奋地在队里干活，想着多挣点工分。军换寄养在奶妈家，有奶水加面糊糊吃，一家人，祖孙三代，融洽平安，养父对未来充满了期望。但这样的日子没过多久，在军换4岁的时候，一场灾祸突然降临到军换家。

那个年代,农村到处搞"学大寨"运动,凭着一股政治热情大兴水利,公社在没有科学测绘和认真研究设计的情况下,便开始组织修建水库,四乡八村的社员用肩挑背扛的土办法在工地上劳动,发生事故了,被深挖的土坑壁发生了塌方,养父不幸被深埋在泥土和乱石之中,那年代根本就没有什么机械设备,全是人力劳作,当大伙手忙脚乱地用锹镐把军换养父挖出来时,养父已经奄奄一息,背上、腿上被石头砸开了几个深深的大口子,鲜血和泥土黏在一起,养父整个身子成了个大血坨子,镇上的卫生院救治不了,队里又组织人力把军换养父送到东胜医院救治,由于养父伤势太重,东胜医院也救治不了,无奈之下只得再转院去自治区首府呼和浩特市,路途劳顿加上清创不及时,军换养父此时已经全身溃烂,疼痛不堪。医院也表示回天无力了,让抬回家准备后事,回到家中,养父知道自己时日无多,就托人把军换从奶妈家接回,才4岁的军换什么也不懂,被拉到养父的床前,养父拉着军换的小手,叮嘱军换要听奶奶的话,军换流着泪点头答应,养父不能仰卧只能趴着睡,背上血肉模糊,腐烂的肉里已露出了骨头,蛆虫在背上蠕动,没几天养父就去世了。从此军换和奶奶相依为命,奶奶对军换很好,因为养父去世,家中没有劳动力了,生活比以前更艰难困苦,可奶奶不让军换饿着,杂粮野菜勉强能吃饱,军换还记得每到八月中秋和春节的时候,奶奶总会变着法的给军换弄来一个月饼或者一个馍馍,到了夜晚奶奶搂着军换,看着天上的星星和月亮,给军换讲过去的故事,那时军换感觉他是世界上最幸福的孩子。那时候生活可以说是非常贫困,但奶奶用她柔弱的身躯为军换遮风挡雨,拼尽她毕生的力气给予懵懂的军换无限的慈爱和教导。

寒来暑往,军换8岁了。那年,学校通知适龄儿童报名上学的布告贴到村里,听大人议论说谁谁家的孩子要上学了,其中也有军换的名字,军换回家后对奶奶说:"我要上学。"奶奶听了点点头,又似乎没听到,好像在想着什么事,后来军换才知道,家里连几元钱学费都没有。为了能让军换上学,第二天一大早,奶奶就去找村委会干部说军换上学的事,向村委会干部诉说了军换养父为修建水库而受伤致死的事迹。因公致死的遗孤交不起学费上不了学,这使得村委会闻知此事就做出决定,由村里资助军换上学,每月给予军换50元补贴,军换终于能够上学了。到了开学的前一天晚上,军换高兴得睡不着觉,天刚放亮,鸡打头鸣军换就起床了,早早地来到了学校门口。新书发下来,军换闻着那油墨的香味,别提有多兴奋了,暗暗下决心,要好好读书。奶奶还为军换添置了新衣服,让军换穿着整洁干净,不让军换受别人歧视,饭也吃得饱饱的,那两年是军换儿童时期最快乐的时光。

　　10岁那年的秋天,在一个霜寒凝冻的黑夜里,奶奶悄无声息地离开了这个世界,她就像一盏熬尽了油的灯,骤然熄灭了。军换唯一的亲人不在了,军换的世界坍塌了,那段时间,军换常常在梦里见到奶奶,叫着奶奶,可是她不理军换,军换着急就醒了,醒了之后发觉这是梦,军换就流泪,哭着哭着天就亮了。

　　之后不久,军换大爷(养父的哥哥)把军换接去,在大爷家,军换的生活完全变了样,刚开始军换还能每天去上学,可每天起来,大爷还睡着,冷锅冷灶,啥吃的也没有,军换只能忍着饥饿去上学,中午看同学们吃着从家里带来的饭食,军换更是饥肠辘辘,没办法只能喝凉水充饥,偶尔也能得到同学施舍,给军换吃点他们的饭食,好不容易挨到下午,放学回到了家。

　　可是家里的门经常是锁着的,大爷还没回来,邻居见军换可怜,有时会给军换一点吃的,有时候夜深了,大爷还没回家,军换进不了家门,只能睡在外面的草垛上。就这样,熬过了一年。11岁那年,大爷就不让军换上学了,军换承诺放学后回家放驴、打野菜,大爷也不答应,军换只能依依不舍地离开了学校。12岁那年,军换辍学回到家,帮大爷家干活儿,大爷让军换每天早上必须挑两担水和两担土,做完这些,还要去外面放驴,后来又加了30头羊。12岁那年军换就放30头羊，做起了小羊倌。

失学的军换每天走在山坡沟坎上，远远往学校的方向望去，隐隐约约听到同学们的朗读声，既羡慕又懊恼，羡慕同学们能够坐在课堂上学习，懊恼自己没有机会再读书了。到了夏天，日头晒得没地方躲，口渴得不行，找不到水喝，于是军换就把沟里面的水用泥土堵上，水慢慢地积攒了起来，然后用手捧着喝一点，白天放羊的时候，没有干粮吃，只能在地里偷吃一点瓜果。

13岁那一年，大爷又从外面带回30头羊，这一下就要放60头羊了。每天早上，大爷又让军换再多挑两担土，可是每天给军换吃的饭食，还是原来那么多，对那一段时间的记忆，军换就只有一个字"饿"。

13岁那年秋天，有一天放羊时军换到沟里去捡瓜果充饥，这时天上下着大雨，军换没有注意到此刻洪水顺着山坡下来了，瞬时间，洪水就漫到了他的脚面，军换还没来得及跑，水一下就涨到了军换的头顶，军换被洪水冲到了下游，在被冲到第一个涮水湾时，军换抓到一个树根，可水流太急，军换没有爬上来，又被冲到第二个涮水湾。军换抓到一个树枝，拼着浑身的力气才爬上来，当时害怕极了，身上被洪水里边的树枝和乱石扎得鲜血淋漓，伤痕累累，衣服也破了。回到家也不敢说，但还是被大爷发现了，大爷不问青红皂白狠狠毒打了军换一顿。军换受到惊吓，不但没有被安慰，反而被打骂，心里边委屈得不行，暗暗地发誓，想法要离开这个家。13岁和14岁是军换少年时期生活最苦的一段时间，吃不饱，穿不暖，每天还要干那么多活儿，军换有点恨大爷。当然，后来长大了，也理解了大爷，因为家里穷，大爷也是没有办法，为了生活，大家都不容易，大爷也是军换的恩人。

14岁那年，政府组织扫盲班，军换和大爷说，要继续上学，最后，大爷同意了。军换去扫盲班上三年级，又回到课堂，军换非常高兴，虽然还是和以往一样，吃不饱饭，穿着破旧的衣服，但军换的心是敞亮的。大爷家不让军换带饭,有时放学回家也吃不到饭,于是军换就自己想办法。在军换放学回家的路上,有一家砖窑厂,每天放学就去那里帮着搬两个小时的砖,可以赚到几毛钱,军换就用这几毛钱买饭吃,不够的时候就问邻居讨要一点。就这样,军换一边读书,一边做工,可放学回家后,还是经常挨打。被打得实在没办法了,军换就萌生了一定要出走的念头,于是军换就留神,怎样才能走出这个地方呢?有一天,机会终于来了,一辆拉煤的车到学校里来,在卸煤的时候,军换就和司机叔叔搭讪起来,军换让司机叔叔帮个忙,把军换带到玻璃圪旦,那里是姑姑的家,开始那个司机叔叔不同意,最后,在军换软磨硬泡下,才答应带他走。军换来到姑姑家住了一个多月,眼看着就要过年了,大爷家的儿子,也就是军换的堂哥,来接军换回家过年,军换不肯回去,堂哥二话没说,生拉硬拽地把军换弄回了大爷家。军换又回到了那个暗无天日的家,心里边难受,还是想着要跑。过完年,军换听说亲生母亲的娘家离军换家21千米,也就是军换亲外婆家,军换就来到这里吃住了两个月,军换的亲生母亲知道了,不让军换在外婆家,可军换又能去哪里呢?

　　于是,军换选择了流浪。从外婆家出来,漫无目的地走着,走呀走呀,走了一天,傍晚的时候,来到了杨四圪咀。一天没吃饭,军换饿得两腿发软,再也走不动了,这时看到煤管站还亮着灯,就走了过去,在那放煤的槽槽里倒头便睡下了。睡了一天一夜,军换被饿醒了,此时的军换已经两天没吃饭了,又迷迷糊糊地睡了一个晚上。到了第三天中午,煤管站的一位干部看到军换蓬头垢面的模样,就转回屋里拿出一大碗饭,还有菜,原来这位干部要回家吃饭,食堂就多出一份饭来,他就送给军换吃了。接过他手上的饭,军换狼吞虎咽猛吃起来,不到两分钟就吃完了。之后又有两三天没有吃上饭,正巧碰到一个姓黄的乞丐,他带军换去他家吃了饭,吃完后军换又来到煤管站,有个司机把军换带到了呼和浩特市。

　　在这个举目无亲的陌生地方,又身无分文,浑浑噩噩的军换来到了一个桥下,在桥涵洞里睡了一天,感觉自己快要饿死了,心里不免有些害怕,到了晚上爬上一辆拉煤车又回到煤管站,待了一个月左右。有个司机把军换拉到了喇嘛湾,路边有一个小旅店,在那个小旅店军换当上了小工,帮着拉水、烧火,就这样做了一年多的工。

转眼军换16岁了,夏天来了,有一天,小旅店的人议论着要去丰镇参加电厂建设,军换求他们带上自己,结果他们同意了,于是军换跟着他们来到了丰镇,在建筑工地上跟着大人干活。干了半个月,上面领导说军换太小了,让军换回去,可又没给军换钱,军换在宿舍哭了一上午,一位同事看不下去就给了5元钱。军换买火车票花了4.5元钱,剩下5毛钱买了两个玫瑰饼吃了。

军换又回到了杨四圪咀,回到了煤管站,煤管站成了军换的"家"。在这里人们没有嫌弃军换,更多的是善意的同情,军换在这里得到了很多人的帮助,常来常往的拉煤车司机都认识军换。一晃眼又快到过年了,有一个司机把军换拉到呼市回民区环卫所大院子里,在那里另一位司机把军换介绍给一位老奶奶,正值数九寒冬,外面气温太低,司机和老奶奶就把军换带到了他们家吃住,原来司机是这位老奶奶的儿子。军换在这家好心人家里过了一个温暖的年,一个多月后,军换又回到煤管站,又有一个司机把军换介绍到了武川,被一位牧民收留,在他们家放马,这年军换17岁了。

一天,他听到别人说,部队来征兵了,自己也想去当兵,于是军换向这户牧民家提出了要回家乡去当兵,虽然他们舍不得军换走,但还是支持军换当兵,同意军换回家。

1987年9月30日,军换回到了老家,跑到乡政府找乡长,向他提出要当兵。乡长知道军换是一位孤儿,他同意军换报名参军的请求,然后通知军换去旗里参加征兵体检,非常幸运的是,军换顺利通过了体检,政审阶段,军换也合格地通过了。当拿到大红的入伍通知书时,军换高兴地蹦了起来，村里那些曾经帮助过军换的乡亲也为军换高兴，纷纷前来探望军换，叮嘱军换到部队上要好好地干，不要忘了大伙儿的期望，要记着你是一个吃百家饭长大的孩子，是集体、是队上全力推荐你去当兵，所以要感谢党、感谢集体，从今往后不再做流浪儿，要做优秀的人民子弟兵。从此，军换的人生发生了重大的变化。

军换至今还记得出发的那一天，那是10月10日，穿上了崭新的军装，背着背包，戴着大红花，在村口军换向前来送别的乡亲们挥手告别，踏上了去往部队的征程。到了部队，下到新兵连，在那里接受了3个月的新兵训练，然后就被分配到了连队。在连队里，军换勤学苦练，把基本功练得很扎实，多次受到首长的表扬。大约过了半年，军换又被分配到首长的炊事班，专门为首长做饭。军换边学边干，很快就掌握了基本的烹饪手艺和知识。领导看到军换在烹饪方面很有潜力，就有心培养，刚好过了一年后，军地两用人才培训工作在部队展开，军换被部队选送到呼和浩特市军地两用人才培训基地喜来登饭店学习。在饭店里，军换学到了很多的东西，也开阔了眼界，受到了系统的锻炼。军换勤快，安排工作从不挑，总是踏踏实实去完成，有时值班人员休息，军换就主动顶班值班。记得有一次，军换在值班，突然门卫间里冒出了滚滚的浓烟，原来是门卫间的一个电磁炉电线短路发热，烧着了边上的一个汽油瓶，大火蔓延开来。军换一看不对劲儿，一个箭步冲到配电房，把闸刀拉了下来，然后又回来，带着几个同事用水把火浇灭了。这场事故由于发现得早，没有造成很大的损失。饭店的后院就是政府机关卫生厅，后来卫生厅领导苏厅长还专门来见军换，当面表扬了军换，并给军换发奖。有一天下班后，军换与同事在胡同里看到一个人一只手戴着手铐在鬼鬼祟祟地跑，军换感觉事情不对，就将他逮住并带到人民路派出所交给所长。第二天，所长带人来到军换工作的地方对军换进行表扬。在部队待了3年，转眼间，到了复员的时候。回到地方后，由于当时军换家乡经济比较落后，转业军人的安置工作还是比较困难,于是军换就自谋出路,凭着在部队学到的烹饪技术,开始了闯荡社会的历程。

军换记得去的第一家饭店很小,不过老板对军换很好。在那里军换干了3年。从每月拿60元工资干起,一直干到了每月拿120元工资。军换还记得那家小饭店的老板叫杜志全。他对军换的好至今让军换难以忘怀。为了求得更大的发展,1993年,军换离开了这家小饭店,去了叫"红房子"的又一家饭店做配菜工。1994年,军换又去了巴彦塔拉饭店,这个时候军换已经当上了厨师长。为了不断地学习提高,1996年,军换又离开了巴彦塔拉饭店,去了北京西红门蒙古度假村,在那里当炒菜师傅。1998年军换从北京回到呼和浩特,又去了法华利饭店。在饭店里,军换看到了各种各样的人,有勤奋工作的普通人,有发了横财的商人,也有社会上的闲散人员。他们的种种行为也对军换造成了一定的影响,有时候,看到有人铺张浪费,军换就很不舒服,会联想起自己少年时代没有饭吃、受冻挨饿的情景。虽然军换也向往有钱的生活,但是,军换一定要走正路。军换应该用辛勤的劳动去换取富足的生活。所以,军换经常告诫自己要认真工作、勤奋劳动,做有良心的人,做有责任心的人。一直以来,军换都恪守这一信条,老老实实做人,规规矩矩做事。不管走到哪里,军换都是一样,所以深得领导的喜欢。在工作过程当中,军换成长为一名厨师长。从做菜到学会管理,这是一条很不容易的路,因为军换没文化,小时候读的书少,所以,有时就觉得非常吃力,但是军换从不放弃,军换孜孜不倦地学习,任劳任怨地干活。所谓一分耕耘,一分收获。在军换36岁的时候,不仅在事业上有了一定的成绩,还有了自己的新家庭。虽然军换结婚比较晚,但是迟来的幸福让军换非常知足,他深深体会到,自己是一个从小被遗弃,后来又成为孤儿的人,能够拥有今天这样的生活,除了自身的努力外,再就是生在了一个好时代,如果没有集体的帮助和大家的资助,如果没有国家经济的发展,军换或许还是一个流浪汉,今天的好日子或许是一种梦境。

  2010年,军换回到了自己的家乡薛家湾镇,在天泽岛大酒店当上了厨师长。在这之前,军换还去了东胜,在和平生态园、白马高力汗、嘉禾信等酒店工作过。但是回到家乡,能够为家乡做贡献,是军换梦寐以求的事。在天泽岛大酒店军换一干就是近10年。因为这里是军换的家乡,军换离不开这片土地,外面再好的条件也诱惑不了军换。在这里,军换做了军换应该做的事,政府也给了军换莫大的荣誉。

军换先后获得以下荣誉:

(1)荣获2013年度"准格尔旗劳动模范"荣誉称号。

(2)荣获2014年度"鄂尔多斯市劳动模范"荣誉称号。

(3)荣获2015年度"内蒙古自治区劳动模范"荣誉称号。

(4)荣获2018年度"内蒙古十大名厨"荣誉称号。

(5)荣获2018年度"国际御厨五星厨王"荣誉称号。

(6)2018年度评选为"内蒙古名厨委副秘书长"。

获得以下技术职称:

(1)1996年"中式烹调师高级"。

(2)2016年"中式烹调二级技师"。

(3)2017年"中式烹调中国名师"。

(4)2015年被聘任为"呼和浩特市餐饮行业职业技能大赛"评委。

(5)2016年被聘任为"呼和浩特市餐饮行业职业技能大赛"评委。

(6)2016年被聘任为"内蒙古餐饮行业职业技能大赛"评委。

比赛成绩奖项如下:

(1)荣获2012年度"内蒙古金厨奖"。

(2)荣获2012年度"准格尔旗职业技能大赛一等奖"。

(3)荣获2014年度"中俄蒙国际美食大赛金奖"。

(4)荣获2015年度"准格尔旗烹饪大赛团体一等奖"。

(5)荣获2018年度"呼和浩特市餐饮行业十大工匠"提名。

(6)荣获2018年度"内蒙古十大金厨奖"。

饮水思源,军换深深感谢自己的养父和奶奶,还有那些施一粥一饭的父老乡亲,感谢党和政府以及部队,是集体把一个孤儿培养成如今的军换,军换要回报家乡,回报乡亲,回报集体。

岳军换将站在新的起跑线上,奋力前行。

赵睿:咬定青山不放松

2001年4月,鄂尔多斯市准格尔旗党委政府以1万元重奖了一位普通的英语女教师——赵睿;2004年教师节,教育部授予她"全国模范教师""全国中小学德育先进工作者"的称号,她在人民大会堂受到了胡锦涛等国家领导人的亲切接见;2006年12月,被中国中小学幼儿教师奖励基金会授予"科研优秀教师"称号,并荣获"国家教师科研基金科研进步奖",并再次在人民大会堂接受了隆重的表彰奖励;2007年7月被教育部科研课题专家组评为"优秀教研员",2007年10月被中国教育学会外语教学专业委员会评为"第三届全国中小学优秀外语教师";2009年被评为旗级拔尖教师;2010年被评为市级学科带头人;2011年荣获"内蒙古自治区德育领军人物";2015年被全国妇联授予"巾帼建功标兵"荣誉称号。这些荣誉承载着赵睿老师在教育战线上30多年呕心沥血的点点滴滴,也是赵睿教师锐意进取,不断创新英语教学的一个个里程碑。

一、初出茅庐　崭露头角

赵睿1985年从伊盟师范毕业后,主动申请到条件比较艰苦的准格尔旗第二中学任教。当时二中的英语会考成绩在全旗一直排在后几名。面对如此落后的英语成绩,赵老师没有退却,而是以年轻人特有的闯劲,毅然承担了艰巨的教学任务。她利用一切可利用的时间,一方面深入班级,深入学生,了解学生在英语学习中存在的困难;另一方面她努力钻研英语教学大纲,学习有关教学理论,收集各种教改信息。经过3年的日夜奋战,她所带的班级在全旗会考中由原来的倒数第二名跃居为第一名。初试牛刀获得成功,这对她来说是一个极大的鼓励。从此在这条奋斗的路上,她的步伐更从容了。认定了的路就要坚定地走下去,这是她的性格,也是她的坚持。

二、锐意进取　勇于创新

赵老师英语教学的突出表现,受到了上级领导的关注,她先后被调到了教学水平较高的准五中、民中任教。在准格尔旗五中、民中20余年的教学生涯中,她做出了令人瞩目的辉煌成绩。

以学生为主体,教师为主导的教学原则被赵老师运用得淋漓尽致,她的教学展示试讲取得极大的成果。从导入新课、讲授新课、复习旧知识、巩固新知识,她都充分应用了教学表现手段,课堂妙趣横生,使学生在愉快的氛围中学到了新知识。她又根据班大人多、难以照顾全班的现状,大胆采用了分层教学法,渗透因材施教的教学原则。这项试验也取得了极大成功,在多年中考中,培养出了英语成绩144分的全市英语"状元"及第二名140分和多人次130分的成绩。

她还大胆采用了"小先生"教学法,即把学生分成小组互相帮助,让学生反馈难解的问题,然后由学生自学自解,最后由老师点拨、纠正,这种做法与当代著名青年教育家魏书生的教育改革有异曲同工之妙。赵睿老师的英语教学改革获得了巨大成功,教学技法也有了很大提高,受到了上级领导、学生及学生家长的普遍关注和赞扬。

三、一片爱心　一分收获

作为英语教师又兼班主任的赵老师,对学生的思想教育也是一丝不苟的,她像慈母一样去关心和爱护每一位学生。她的班里有位学生因父亲病故、母亲患病,产生了辍学的念头,赵睿老师就亲自到她家帮她干家务,并开导她,替她交了学杂费和书费,这位学生深受感动,终于重振学习的勇气,初三毕业后考上了伊盟财经学校。像这样帮助学生,给学生交学费的事她也记不清有多少次了。1997年她教的初二(2)班有位姓田的男学生,人很聪明,但毛病不少,赵老师就和他主动交朋友,并请他到家里做客,暖心的话语和真切的关心使这个少年对赵老师十分敬爱,从此他勤奋学习,像换了一个人似的。两年后,聪明好学的小田以全校排名第三的成绩考入了市一中。

在准格尔旗,赵老师资助贫困儿童李涛的事迹已传为佳话。那是在1998年3月的一天,赵老师听说民族小学二年级的李涛小朋友因父亲身患偏瘫,生活难以自理,不得不辍学。赵老师就主动到民族小学拿出自己的工资给李涛小朋友报了名,还给她买了书和学习用具,并资助李涛小朋友完成了小学剩下4年的学业。

一片爱心,一分收获,她的付出换来了孩子们的爱、家长的信任和社会的好评,上级部门对她的这种工作热情给予了高度的肯定。除前文提到的奖项外,1999年5月她获全国首届"陈香梅"优秀教师奖;1999年12月又被评为"全盟优秀教育工作者";2000年3月被评为"区级"和"盟级'三八'红旗手";2001年4月被评为有突出贡献的"旗级优秀教师"并获一万元奖金;2001年9月获"全区优秀教师奖"。2003年9月获全区"三育人"先进个人奖;2005年12月她被准格尔旗旗委、政府授予"专业技术拔尖人才";2008年3月被准格尔旗旗委、政府授予感动准格尔"十大女杰"。2008年9月被准格尔旗人民政府授予"优秀教研员"荣誉称号。

2003年,因教学工作突出,赵老师调教研室工作。上任伊始,赵老师从本行工作入手,首先着手一线英语教师的培训工作,因为课改对教师的要求非常高,老师们有没有课改意识很重要,只有先更新老师的观念,才能提升教师的课堂教学水平。2003年,在教育局领导的支持下,赵老师首先组织聘请了课改先行地区通辽市英语教研员杨淑清老师为全旗的英语教师解读了新课标;2004年又请来了呼市教育学院的陈教授,2005年又派全旗61名中小学英语教师到北京世贤学院教师培训基地学习。2010－2013年在赵老师的建议下,请来英语学术界知名专家、中高考命题审核专家、教育部课程标准制定组专家张连仲、刘兆义,国培组专家刘鹰、张建等教授和雷军博士对全旗英语教师进行全方位三年六期的系统培训,有了理论基础,赵老师又在课堂上对教师进行实践指导,在全旗进行了巡回示范课,让老师们在课堂教学中体会领悟新的理念。几年间,赵老师走遍了全旗的每所学校,听评课5000多节。每到一校,都尽量为老师们解决一些实际问题,传授教学经验,讲自己对课改的认识及体会,并让老师们反思一些问题,下次到校的时候,希望老师们提出一些建设性的意见和改进措施。这样,给老师们一个任务让他们不断学习、思考,在课改中成长。以理论培训为支撑,实际示范为导向,理论联系实际,为老师们理解新课标、进入新课堂做了很好的铺垫,奠定了坚实的理论基础。2005年是实施课改的第二步,即课堂教学方法的培训、学习和探讨。为此,几年里,赵老师组织并参与沙、薛两镇进行的中小学学科开放周活动,活动加强了校与校之间的联系,更是老师对新课程课堂教学、教学方法学习和探讨的最佳时机。赵老师抓住契机,组织所在地区的英语老师听课、说课、评课。活动办了二十几期,赵老师共参加了18所中小学的活动,听课200多节,参与说、评课活动200多人次。在赵老师的指导下,活动收到了很大的成效,受到学校领导及各校教师的好评。

多年来通过赵老师不懈的努力,全旗的英语教学工作、英语成绩得到了显著的提高。从2003年到2018年,全旗英语教师及学生在参加全国及省市举办的各项竞赛中硕果累累,多位教师获得旗、市、区级"青年教师基本功""教学能手""学科带头人"等荣誉称号,在全国英语能力竞赛中累计有1000多名学生获奖,其中800多人获国家奖,130多名教师获得指导奖。

课改工作取得了一定的成绩,赵老师在深化课改的同时,又发现了新的问题,即英语阅读教学在中、高考中占有相当大的比例,可学生在这方面是弱项。结合准旗的实际情况,赵老师在2007年12月又申报了教育部组织的研究课题"中小学英语真实阅读教学推广实验",此课题研究是在全旗全面实施新课程改革,在全国中、高考阅读分值不断提升的的大背景下,为全面提高中小学生综合阅读素质而进行的一项研究。首先赵老师对实验学校课题研究负责人和实验教师进行实验研究方案的培训,领会方案精神,明确研究目的和任务,按计划开展课题研究,并有计划、有组织地邀请华中师范大学考试中心主任、教育部"中小学英语教育动态真实原则推广性实验"全国项目组组长、中小学"一条龙"教材《新标准英语》副主编鲁子问及其他国培名师到准旗对实验教师进行实验教材、操作程序与方案的培训,同时也选派实验校教师外出观摩学习,回来做专题讲座、汇报课等。实验期间,赵老师到校指导实验课听评课400多节,组织实验研讨活动80多次,参与教师300多人次,她带领实验团队潜心研究,引导每位实验教师在实践中总结经验,把经验运用于实践,使自己的阅读课体现课题思想,把研究与教学紧密结合起来。3年的实验与研究,取得了明显成绩。

此课题在2009年9月通过教育部专项实验课题组验收,6所实验学校有5所被教育部专项课题组评为"优秀实验校",有26位参与实验的教师被评为"优秀实验教师",有28篇实验教师的论文获奖,3位教研员被评为"实验优秀教研员",赵老师被评为"全国优秀课题主持人""全国优秀教研员",并被聘请为教育部专项课题"英语真实阅读实验专家组成员"。另外她还参与了《作文三步法》《基于信息技术环境下的中小学教师继续教育实效性培训研究》《学生自主学习与管理》等国家"十五""十一五"课题研究,且都已结题通过国家级验收。现还参与《讲学稿》《学段衔接》等课题的研究。

多年来她利用业余时间阅读了大量有关教育教学的书籍,并结合教学实践写成数篇论文,其中《英语课堂教学中充分重视表演艺术》《英语课堂教学中"表演"的运用》《浅谈日常交际用语的教学方法》《"真实阅读"的真实感受》均获市、区、国家级奖励;公开出版的主要著作有《教师素质与教师专业化发展研究》(内蒙古人民出版社出版,任编委),《小学生多功能词典》(天津教育出版社出版,任副主编);在国家级及省部级刊物上发表论文数篇:《浅谈新课程标准下的英语课堂教学评价》发表在《内蒙古教育科研》2009年下,《外研版初中英语教材利用点滴谈》《中小学英语常用教、学方法之利弊谈》《借鉴非英语学科教学启示,优化英语教学》发表在《中外教育研究》2011年5月下,《开展信息技术教学,提升学生创新能力》发表在教育部主办的《中国信息技术教育》2012年3月,《立足本土文化,奠基素质教育》发表在《内蒙古教育》2012年4月,《聚集体智慧,展个人才智》发表在《学园》2012年9月版,《如何说课》发表在《中外教育研究》2012年7月下。

作为支部书记的她,认真学习宣传贯彻党的十九大会议精神,全面推进"两学一做"学习教育常态化、制度化,认真落实"三会一课",严肃组织生活与纪律,真正把学习作为一种良好的习惯融入工作和生活中。她热爱党务工作,具有创新精神和务实的作风,团结、关心职工,她党性原则强,为人正派、宽厚、求实,敢于批评和自我批评。她关心热爱职工,总是事无巨细地解除职工的后顾之忧。

她是准格尔旗第十三、十四次代表大会代表、鄂尔多斯市第二次代表大会代表、准格尔旗政协第十三届委员。

熟悉赵老师的人都说:赵老师不仅是有思想、有学识的好老师,更是甘于奉献、善于提携后学的好导师。作为教研员,她为教坛后辈的成长,更是倾注了大量的心血。赵老师始终以严谨的工作作风带领一线教师更新教学理念,全面推进新课程改革,与一线教师备课研讨、示范教学,帮助教师提升教学业务能力,引领教师专业水平成长,并能多层次、多形式、全方位地开展学科教研活动;建立全旗英语教师资源信息库,并利用网络资源平台,开展网络教研活动,为广大教师提供优质网络教学资源;通过英语教研活动的开展,同时也带动了其他学科教研活动有效有序地开展,为促进准旗的教研教改发挥了积极作用。

回顾赵老师30多年来的教育历程,她的成功源自她对英语教学的挚爱,源自对梦想的坚守,源自坚定的信念,源自执着的追求,而这所有的一切,皆来自她对人民教师这一职业的尊重与热爱。

周俊梅:平凡中的美丽

周俊梅是准格尔旗蓝天街道白云社区的居民,现年42岁的她,没有工作,却肩负着家庭的全部重担,不仅要养家,同时要照顾年迈的婆婆、自己的父母、身患重病的丈夫和年幼的孩子。但即使这样的困苦也没有压垮她,她仍然相信生活,相信风雨过后一定会有彩虹。

2011年7月,周俊梅原本幸福安定的生活被丈夫生病的噩耗摧毁了。丈夫突然患上了恶性脑肿瘤,本地的医院根本无法医治,周俊梅带着丈夫和未满8岁的儿子去北京做了开颅手术,手术成功了,但是丈夫却瘫痪了。望着病床上的丈夫,再看看身边稚气未脱的儿子,周俊梅知道这个家得靠她撑下去。在之后的住院期间,她一边不分昼夜地照顾着丈夫,为他穿衣,喂他吃饭,一边还要稳定丈夫的情绪。整个陪床期间,她几乎没有睡过觉,每天不停地忙碌使她忘记了自己的苦与累,只有在夜深人静的时候才敢把生活的辛酸独自发泄出来。后来丈夫的病情终于稳定了,但巨额的化疗费也让这个原本不富裕的家庭雪上加霜,家里的积蓄也全部花光了。周俊梅没有放弃丈夫的治疗,她想,即使是借钱也要为丈夫治疗,丈夫让她放弃,不想连累她和孩子,但周俊梅没有这么做,就这样,她用柔弱的肩膀扛起了丈夫康复的希望。经过医院的积极康复治疗,数月后丈夫可以拄着双拐走路了,她流下了欣喜的泪水,觉得自己的付出终于有了回报。丈夫虽然能走路了,但却留下了终身后遗症,在往后的生活中,周俊梅仍不遗余力地照顾着丈夫,撑起了这个家的所有希望。

2012年3月,周俊梅在马路边摔倒,左腿不幸骨折了,在准旗中心医院接骨治疗一个月之后,她强忍着痛出院回家,因为这个家需要她的照顾。回家的她没有时间休息,就开始拄着双拐,靠着灶台为身患重病的丈夫和3个可爱的孩子做饭,不辞辛苦地为这个家付出着。看见丈夫和孩子脸上的笑容,她觉得自己的付出是值得的。时间一天天过去了,一年年过去了,她肩上沉重的负担仍然没有减轻,但她仍然没有想过放弃,心甘情愿为这个家庭付出着,为孩子们撑起了一片天。

周俊梅自己的父母身体不太好,时常需要她的照顾,83岁的婆婆也没有人照料,周俊梅看着心里不落忍,她毅然决然地把婆婆接来与她一起住,肩上担子更重了。在周围人看来,周俊梅更忙了,更瘦了,但这个坚强的女人却没有半句怨言。为了这个雪上加霜的家,她开始四处打工,为了年迈的老人和残疾的丈夫与年幼的孩子,周俊梅不能倒下,甚至不能允许自己生病,因为他们都需要自己的照顾,她说:"我一定要撑起腰板坚强地生活,这个家庭的困境会慢慢好起来。为了我的丈夫生命的延续,为了我的孩子快乐成长,为了我的老人安度晚年,我愿意付出我的所有,甚至生命!"这是多么朴实而感人的话语!

丈夫的病慢慢好起来后,说到妻子周俊梅的不容易,堂堂五尺大汉潸然泪下,他感激妻子的不离不弃与坚韧不屈,说"只要有妻子周俊梅在,我们一家什么困难也不怕"。

周俊梅长期与年迈的婆婆、自己的父母朝夕相处,无微不至地服侍着年迈多病的他们,待婆婆如亲娘,把最好吃的都给老人们吃,把干净舒适的衣服给老人们穿,把最快乐的故事讲给老人们听,把脏、累、苦留给自己。多年来她一直任劳任怨。

年幼的孩子慢慢长大了,丈夫的病也渐渐好转,周俊梅依然打着两份工,依然照顾着年迈的父母,虽然很累、很苦但心里坦然,她尽到了自己该尽的责任,她笑着说:"好好过日子,让娃娃们上好学有出息,家人平安健康就好,我累点苦点都无所谓,我努力工作,准备给老人孩子换个大房。"她充满信心,坚定地走在生活路上。

2014年下半年,不幸却又一次降临在这个多难的家庭,周俊梅的丈夫脑瘤复发,只能以化疗维持生命,到2019年元月,复查的结果是丈夫的病情恶化,化疗已经无效,延续生命的唯一办法就是进行第二次开颅手术,但医生说第二次手术风险极大,术后可能成为植物人及终身瘫痪。听了医生的描述,周俊梅几夜都没有合上眼,但是她没有被压垮,又站了起来,继续为孩子、老人、丈夫坚强奋斗着,直至今天,她依然每天出去打工,为了生活,勇往直前。

也正如周俊梅丈夫说的:周俊梅就是这个家的主心骨,只要有周俊梅在,什么苦难都不能打垮他们,病魔在他们坚定的信念面前显得那么渺小。祝愿他们的生活路上洒满雨露阳光。

她的信念是"天下孝为先,有孝则有德,有戒则有福"。她的事迹,诠释了孝老爱亲的社会主义核心价值观。

周玉莲:建功新时代　巾帼绽芳华

准格尔旗布尔陶亥苏木(即乡级)铧尖村有一位普通的农家妇女,当地的农民群众,尤其是妇女姐妹们都把她当作自己的贴心人、主心骨,在她的带领下,妇女们用自己的双手创造着自己的美好生活,在乡村振兴、巾帼脱贫行动中发挥着积极的作用。她，就是全国劳动模范、全国"三八红旗手"、全国"十大农民女状元"周玉莲。

一、放飞火热的希望

周玉莲 1980 年高中毕业，仅以 3 分之差与理想的名牌大学失之交臂，再加上家庭生活非常困难，她毅然回到农村，在这片广阔的田野里，一干就是 40 个春秋。

40 年，在时间的长河中，短暂得只是一瞬，但对于生活在这块贫瘠的黄土地上的周玉莲来说，却显得那么漫长和坎坷。

她忘不了，由于劳动异常繁忙和生活的贫困，自己的 3 个孩子都是用绳子拴在炕上一天天长大，3 岁以前没有穿过衣服。

但是，周玉莲没有被困难吓倒，这个有文化、有知识的新型农民，深深感受到，人生的征途上，不可能没有挫折和困难。只要心在路就在，她需要拼搏的勇气和坚强的意志做支撑，需要用汗水和心血去浇灌生命的春天。

于是，性格倔强、以能吃苦著称的周玉莲，同丈夫一道，在 1985 年去信用社贷款 2000 元，养了 10 头猪。他们白天在地里干活儿，晚上回来煮猪菜。待四大锅猪菜煮好后，已是深夜 12 点，凌晨 4 点多又赶忙起床忙碌一天的活儿。辛苦一年，纯收入达到 1 万多元。成为万元户，令她在当地名声大振。希望，也从这里开始。周玉莲像一匹脱缰的黑马，在致富的路上一发不可收。改革开放的千秋伟业，呼唤着具有战略眼光的实干家。周玉莲同丈夫一道，带着与时代同行的自觉与激情，满怀干一番大事业的信念，开始了有生以来的第一次创业。

周玉莲的家乡紧靠库布其沙漠，每年治沙造林需要大量树苗。她瞅准这一市场，从 20 世纪 90 年代初开始育苗出售，收入因此大增。

1995 年，世界银行的经济项目开始在她所在的铧尖村附近实施。周玉莲抓住这个机会，先后投资 20 多万元，购买了两部铲车，用于打坝、开沟、平整土地。不仅为农村经济发展做出了贡献,而且个人收入也十分可观。资金充足了,周玉莲利用当地资源优势,发展出一片400亩的养鱼塘,塘中波光粼粼,鱼儿不时跃出水面。虽然自己先富起来了,但周玉莲并没有陶醉在成功的喜悦中,她此时想得最多的是,如何让全村的人都走上富裕路。

二、倾情铺就共富路

怎样带领乡亲们尽快富起来?周玉莲朝思暮想。经过反复思考,多次与曾任村党支部书记的丈夫讨论,周玉莲认为,铧尖村信息闭塞,科技文化知识贫乏,村民观念落后是制约全村经济发展的关键。为早日改变这种状况,周玉莲在丈夫的大力支持下,从2002年至今,先后投资15万元,在自己的宅基地上盖起两间180多平方米的文化活动室暨妇女学校,并取了一个好听的名字:玉泉文化室。购置了桌椅板凳、电脑、乐器、3万多套图书,订阅了30多种报纸杂志。供全村群众来这里学习、娱乐。不仅如此,周玉莲经常自费邀请旗、市以及自治区农牧业科技专家来这里讲课、指导生产,传授科学种植、养殖等知识,讲解宣传党的各项方针政策及文件精神,十几年里从未间断。同时,文化室还经常举办各类培训班。村民们在这里汲取了大量的先进科技文化知识,开阔了视野,收入也因此增加了。

在学习科技文化知识的同时,周玉莲还组织大伙儿大唱革命歌曲,自编自演文艺节目,把退耕还林、计划生育和家乡的变化编成三句半、民歌等形式来传唱,特别是在2017年党的十九大召开时,她带领村民认真学习党的十九大精神,成立了业余文艺宣传队,把党的十九大精神编成各种通俗易懂的小戏和歌曲,并在全苏木各嘎查村进行演出,使广大群众能够清清楚楚地懂得十九大精神,受到农民的热烈欢迎,丰富了农村的文化生活。很快,农闲时村里打麻将、喝烧酒的不见了;吵嘴、闹小矛盾的事儿少了,文明、开朗、积极向上的民风正在形成。

她的勤劳和智慧,诚信和善良,赢得了全村人的认可。大伙儿有什么困难都愿意找她帮助,听她指点,有什么想法都愿意跟她一吐为快。特别是农村的妇女们,都把她当成了最贴心的人。不少人跟她说:你说怎么干我们就怎么干。

群众观念更新后,接下来周玉莲带领乡亲们做了四件大事:

一是劳务输出,成立科技服务队。铧尖村是世行项目区,树苗行情一直不错。周玉莲抓住这个机会,于2003年组织起由清一色妇女的组成"科技服务队",由她给服务队成员传授育苗技术。"沙棘种苗时有严格要求,不仅手的力度要适度,根的深浅都很讲究,而且姿势必须是半蹲式的。"她一边讲一边做着示范。大家很快就掌握了要领,姐妹们说:"这种姿势一天干上12个小时,收工后腿就像灌了铅似的。"就这样,大伙儿每年春天都连续劳动20多天,那个苦,那个累,是旁人难以想象的。在周玉莲的鼓励带动下,服务队的活儿干得又快又好。不光本村人请她们育苗,就连外乡的农户也排队请她们帮工。从春到夏、从秋到冬,从种苗、锄苗、起苗到采集沙棘果,一条龙式的服务方便了广大农户。她们既不误自家的农活儿,又避免了农村因劳务输出带来的劳动力缺乏。年底一算账,每人收入都在2万元左右。妇女队员那个高兴劲儿就别提了。她们拿着自己挣的钱,每人买了一辆小摩托车,一部手机。再外出干活时,一溜摩托车风驰电掣地行驶在田野里,那风光、那气魄,成了农村一道亮丽的风景线。有的老乡调侃:"看,武工队出发了!"到现在,随着服务范围的扩大,业务量的增加,"科技服务队"由刚开始的8人,发展到80多人,不仅有妇女,而且不少男同志都加入进来,就连过去到城里打工的30多人也都回到了家乡,到现在,服务队在荒山和沙漠义务植树已经达到2.8万亩。

二是组建农机协会。2004年,周玉莲瞄准农村市场,又成立准格尔旗农机协会,组建起大型农机服务队,实现了现代农业机械化作业。一年四季,只要农户需要,不管天气好坏,从种植到田间管理,从种苗到收割实现一条龙服务,为当地农民解决了种、养、销等一系列问题。市农机局局长对周玉莲赞叹有加:"你不仅拉动了旗农机事业发展,也带动了全市农机事业的兴起。"

三是组织生猪饲料。也是在这一年,周玉莲又组织成立了"布尔陶亥乡生猪养殖协会",为农民养殖增收开辟了又一新的途径。她投资400多万元建起了养猪场、饲料加工厂,吸纳会员400多户。她一边利用晚上时间,请专家与技术人员在文化室培训农民科学饲养技术,一边想方设法与厂家联系,为农民选购优质价廉的饲料和优良的种猪,寻找销售渠道,提供全程服务。对会员,她要求所有养殖户从饲料的配置、购买、加工猪的养殖、宰杀全过程实现科学管理,增加养猪的科技含量,向市场提供无污染、高品质的放心肉,树立布尔陶亥的猪肉品牌。她除了鼓励农民增加养殖数量,以规模优势占领市场外,还从销售价格、供货量、最低保护价等方面与厂家签订订单合同,发挥了养猪协议对市场的监管作用,解决了肉猪及相关产品中间流通环节多和买难卖难等问题。养猪协会最多时可实现生猪年销售2万多口,协会会员每户人均年增收8000多元。

四是组织蔬菜种植。2007年,周玉莲又自筹资金400多万元,建起了占地110亩、有126栋大棚的大型"玉泉蔬菜基地",最多时年产瓜菜200多万斤。经有关部门检验合格,同年,被内蒙古农牧业厅命名为"无公害绿色产品蔬菜基地"。蔬菜基地的建立,不仅解决了周边城镇的绿色蔬菜供应问题,还带动了周边400多农户走上了富裕道路。

40年的人生岁月,周玉莲在广阔的田野里,饱尝着生活的艰辛和欢乐,默默无闻地做着点点滴滴。她无怨无悔地奉献着,不断地寻找着超凡的人生目标。就是在这样的追寻中,她书写出了精彩的人生画卷。

三、祥云彩雨满人间

1999年7月,刚刚脱贫的周玉莲听说布尔陶亥苏木职业中学准备新建教学楼时,和丈夫商量,拿出5000元积蓄无偿资助学校;2004年又为准格尔旗世纪中学捐款1500元,媒体通过对她的大力宣传,带动社会为建校捐款306.7万元。

周玉莲常说,人穷是穷在没有文化上,村穷是穷在没有人才上。要想使每家每户都过上好日子,培养孩子是关键。

那是1999年一个秋天,乡里的学校已经开学了,周玉莲正要下地干活,忽然看见村里一个小孩儿站在墙角抹眼泪。经询问才知道是因为家里拿不起报名费。周玉莲当即拿出钱让孩子报名;有个叫王银梅的女孩儿,全家5口人,母亲有残疾,父亲患关节炎不能干重活儿,上初中时就遇到经济困难。周玉莲知道后,就资助她读初中、高中,考入大学后,周玉莲又为她到旗里筹集捐款……后来,她又了解到布尔陶亥苏木职业中学还有一些品学兼优的学生,因家庭生活困难面临辍学,又捐出5000元。几年来,她个人捐款已达10万元之多。

就这样,周玉莲凭着善良美好的心灵,凭着对贫困孩子慈母般的牵挂,凭着一个劳动模范的社会责任感,用双手架起了爱的彩虹,为贫困孩子送去了阳光和希望,送去了拳拳爱心、款款真情。每当看到自己帮助过的学生考上高中、走进大学、奔赴工作岗位时,她心里都感到由衷的高兴。为让更多的人参加到捐资助学活动中来,1999年教师节前夕,周玉莲成立了由她任会长的"捐资助学基金会"。为筹集资金,她一个单位一个单位地跑,一家一家地做工作。她的举动感染了不少人,到2009年底,"捐资助学基金会"筹集到资金22万多元,奖励和救助贫困学生300多人次。

除了重视教育以外,周玉莲还体会到,一个正在崛起的新农村,需要一个充满活力与潜力的生产、生活方式,以此匹配这个村的繁荣与富足。

为此,周玉莲依靠村委会、党支部,于2004年经过多方奔波,为铧尖村争取到国家大型沼气项目。这一项目的实行,使292户农户能广泛利用沼气,村民的生活、生产方式彻底改变,农民们烧水做饭再也不用烟熏火燎了,取而代之的是一个省时、省力、省煤、省钱的新生活方式。此外,养猪的环境也变得干净卫生了。更让他们高兴的是,沼渣沼液经循环发酵后成了无公害肥料,又可充分利用在蔬菜基地上,形成了良性循环的生产过程。每当村民们感谢周玉莲尽心尽力地为大伙办事时,周玉莲总会发自肺腑地告诉他们:"和乡亲们共同致富是我无悔的选择,回报社会,感恩人民是我人生的追求。"

2016年至2018年,3年来,周玉莲协调准格尔义工协会和安达爱心车队为村民开展各项公益活动。例如,义务理发,修家电,送医送药,组织文艺活动演出,送农牧民需要的各种衣服等。她还为贫困户捐款。3年来共为群众送医送物5万多元、修理家电200多件、理发300多人次、捐款1万多元。

从2005年开始,周玉莲自己出钱,邀请旗、市中心医院大夫、护士来到她家为全村人检查身体,防病治病。2008年7月,她又出资邀请内蒙古"天骄医院"的知名大夫、护士70多名,带着大型仪器,为全村及周边村群众进行体检。她不仅腾出自己居住的几间大房做临时检查和诊治室,而且请来几名厨师和本村妇女帮忙,为全体医护人员和300多村民,做了四大锅丰盛的饭菜。当她们把香喷喷的饭菜送到每个人的手里时,许多大夫、护士被深深打动了。他们拿出原打算为自己解决午饭带来的白面、大米和食用油,全部送给了一些贫困户,同时还给村民们无偿发放了二三十个小药箱及药品。可是,连着几年的体检,周玉莲却没有顾上把自己也检查一下,只是忙着一会儿招呼乡亲,一会儿招呼大夫。无怪乎"天骄医院"院长说她:"你是个只为群众着想,而不为自己着想的人。"一位村里的老人含着泪说:"谢谢玉莲,我们不出家门就看了病,检查了身体。你为我们真是操了不少心。"

四、姊妹牵手助脱贫

村里的妇女们都把周玉莲当成了最贴心的人,但她们中还有因为疾病、子女上学、缺乏资金等原因而没有脱离贫困的人,周玉莲把这些都看在眼里,记在心上。让姐妹们早日脱贫,过上小康生活,成为她又一夙愿。

多年来,周玉莲一直向全国妇女发展基金会捐款,借助妇基会扶贫优势,向鄂尔多斯市5个旗县的74户贫困母亲及家庭提供"一对一"的救助金帮扶,帮扶资金总共74万元整,主要用于贫困母亲及家庭一年的生活补贴,疾病救助补贴或妇女创业扶持金补贴。通过"一对一"精准帮扶,改善贫困母亲生活质量,增强贫困母亲生活信心,帮助其解决生活中实际困难。精准扶贫行动"让每一位妇女在小康路上不掉队",让越来越多的贫困妇女逐渐走出了贫困。

五、人生因理想而精彩

风华无限抒壮志,爱心奉献起回音。40年的创业,周玉莲走过了充满艰辛、充满活力和丰收硕果的人生历程,书写了一段精彩华章,各种荣誉也接踵而至:全国劳动模范;全国"双学双比女能手";全国"十大农民女状元";全国"三八红旗手"、全国"星火计划科技带头人"、全国"计划生育先进工作者"、"全国老区促进会先进标兵"以及自治区劳动模范、鄂尔多斯市劳动模范等,共70多项奖励和殊荣。

在荣誉和奖杯面前,周玉莲显得宁静又淡泊,用她的话说:"人活着就应该有追求,更何况那么多模范人物为我们做出了榜样。我只是在各级领导和有关单位的大力关怀帮助下,在丈夫和家人的大力支持下,做了我应当做的一些事,党和人民就给了我这么多荣誉,更何况成绩只能说明过去,重要的是如何构建慈善事业的未来!"

奇附林:西部歌王

如果你听不上几声奇附林的原生态"漫瀚调",就等于你没有真正来过内蒙古。提及奇附林,人人都大为称道其歌喉。

记者来到奇附林家,这是两套坐南朝北的房屋。新屋和旧居一个朝向。新修的二层小洋楼,贴着洁白的瓷砖,院落干净整洁,花草繁多。老屋房前的菜园长势喜人,几簇花草竞相开放,使得整个院落缤纷盎然,充满了田园气息。奇老师的老伴黄二兰比奇老小3岁,今年63岁(1956年生),她也是漫瀚调的爱好者和歌唱者。夫妻二人若是同台演出,那阵势一定是相当给力的。

1953年,奇附林出生在一个农耕蒙古族家庭,居住的村庄叫龙抱湾。年轻时,为了补贴家用,他曾骑着自行车在黄河对岸的托克托批发冰棍,赶过大车,拉过大船,在沙漠里放过羊,修过黄河大渠……苦难的生活,磨砺了他的意志,也丰富了他的人生阅历。他说,之所以那么爱唱歌,一方面由于爱好,从小受爱唱歌的父母熏陶;另一方面是由于干活孤独寂寞,用歌声来聊以自慰。有时候,他卖完冰棍就跟着戏班子走了,一走就是好几天,戏班子觉得他唱得不错,就让他穿插在中间演唱,每一次表演完后最多能挣5毛钱的酬劳,但是他还是愿意跟着,不光是为了挣钱,重要的是能够登上神圣的舞台,能够给乡亲们带来快乐。

多年的艺术传承,使奇附林成了远近闻名的漫瀚调歌手,被评为中国民间文化杰出传承人,国家二级演员。1987年参加准格尔旗首届民歌大赛获一等奖。1988年参加准格尔旗第二届民歌大赛获一等奖。1989年应内蒙古《党的教育》影像社之邀,录制了专集《准格尔山曲》,从此他的演出走遍了内蒙古各地,声誉也随之远播。

1992-1993年,他在准格尔民歌大赛中再次获一等奖。1995年,参加内蒙古西部歌手大赛获特别奖。1997年参加中央音乐学院举办的国际旋律学术研讨会。1999年参加中央电视台举办的春节联欢晚会——《春满大地》(吼春)。2000年参加内蒙古首届农牧民歌手电视大奖赛获一等奖。2001年在钓鱼台国宾馆与信天游歌王赵大地同台演唱《天下黄河九十九道湾》。2003年参加香港中文大学校庆40周年汇报演出。2003年11月,先后两次去北京为中央电视台《魅力12》《朋友》栏目演唱"漫瀚调"。2004年参加CCTV西部民歌大赛获"漫瀚调优秀歌手奖"和"漫瀚调最佳歌手奖"。2005年参与中央电视台《小崔说事》栏目;在西安参加"十大歌王"演唱会;在江苏淮安市与山西民歌"歌王"石占明同台演出;在山东参加《志在必得》栏目。

2006年10月,参演CCTV-1《中国民歌民间歌舞盛典》;同年国庆节为贾庆林等国家领导人汇报演出。2007年1月参加北京二十一世纪剧院举办的原生态"十大歌王"世界巡回演唱会。2007年6月参加中国文联、中国民间文艺家协会、中国舞蹈家协会联合举办的中国民间文化杰出传承人颁奖仪式,被命名为"中国民间文化杰出传承人"。2007年6月参加了CCTV-3《艺术人生》栏目。2007年8月在内蒙古电视台参与了"内蒙古自治区六十大庆"文艺演出。2007年11月参加广州举办的中国第八届少数民族运动会开幕式。2007年12月被中国文化部命名为"漫瀚调优秀传承人"。2008年1月在人民大会堂参加北京新春音乐会。

无论是在南非大使馆,还是在香港中文学院,走到哪里,奇老师都笑容满面、精神饱满。翻奇老师的相册,里面有几张照片很是惹眼,照片上全是外国友人,问后才知是法国人,专门跨洋过海来老家拜访他,要做他徒弟。还有美国CNN电视台不远万里来内蒙古采访他的照片。奇老一直是一个实实在在的农民,以土地为生。但旗政府对他很重视,从原来每月800元的工资给涨到了现在每月3000元。说到这些生活中实实在在的扶持,奇老师还是忍不住赞叹共产党的好,念党的恩情。

采访漫瀚调歌王,自然不得不简要地说说漫瀚调。"漫瀚调就是山曲儿,就是我们准旗的民歌,人人都会唱。"奇老知道面对记者推广和宣传地方民歌的重要性,因此,在这方面,他总是与我们的采访配合得十分默契。漫瀚调作为蒙汉文化融合的璀璨之花,从明清时代开始,就已经逐渐地形成它独特的演唱风格和表演形式。

宽敞的房间里,现代化的家具摆设,一看就是富足的小康人家,小日子过得红红火火。坐在沙发上,记者边看证书边问及奇老师的家庭生活,得知奇老有两个儿子,一个上班,一个搞运输,可惜,他们都没有遗传奇老师的歌唱基因,说起这点,奇老师似乎有点遗憾。

一声叹息后,奇老又忍不住唱了几声:"昭君坟高来二狗湾低,柴登牧场在柳沟西。你住在东来我住在西,想唱两声山曲才遇上你。"又唱了《过夜归》:"人难化(难受)不叫心难化,心难化真的是没办法。没办法也要想办法,不然哭到泪哗哗。"

唱毕,奇老师给我们就民歌调式简短做了一点解读:"深受当地民众喜爱的漫瀚调其实是一个大杂烩。说白了,就是用蒙古短调做皮儿,汉族唱法做馅儿,包成了一个整体。而这个馅儿也不单一,有二人台、山曲儿、爬山调、信天游等。馅儿很丰富,而皮儿就基本不变了。唱正的,歌颂党、歌颂祖国,是这个调;唱酸的,唱哥哥唱妹妹也是这个调。"

奇老师说:"就是同一首歌,在晋陕蒙就有三种唱法,味道都不太一样。比如《天下黄河》,在陕北唱就是信天游风格,在山西唱就是爬山调,在内蒙古唱就是漫瀚调。"问到奇老最拿手的歌曲是什么,他毫不讳言地直说:"《天下黄河》和《北京喇嘛》。"

是的,我们也从视频和网络上早先观看过他演唱《天下黄河》,的确是唱出了雄浑的底蕴和磅礴的气势,也唱出了力量,唱出了希望。王向荣版本的《天下黄河》和奇附林版本的《天下黄河》自然没有可比性,但他们都有自己的演绎风格和艺术扩展与延伸。王向荣的宽广,奇附林的高亢；王向荣的深邃，奇附林的婉转。总而言之，他们用自己独特的地域曲风，演绎了隽永优美的黄河赞歌，都给人留下了深刻而难忘的印记。

奇老师还再三强调说，漫瀚调其实就是蒙汉调，是中华民族文化中的一朵艺术奇葩，是两个民族融合团结的产物。过去老年人唱都用蒙语，现在那种原汁原味的唱法已经要失传了，如果他这一代人不整理的话，这种曲艺就真的失传了。其实，现在唱的漫瀚调大多是从蒙语中演变来的，如在《北京喇嘛》的曲调里，汉词就变成现在的《三十里的明沙二十里的水》；在《达庆老爷》里加上汉词变成现在传唱很响的《天下黄河九十九道湾》。奇老师的漫瀚调也吸收了陕北信天游和山西的爬山调，在曲调上容易被人接受。有时最简单的东西是最有魅力的，原生态民歌好就好在它单纯、真挚，几乎不需要伴奏就可以丰富的腔调唱出人们心中的念想与期望。

奇附林表示，他一定要将这种文化传承下去，让这种艺术走出草原，传遍大江南北！事实上，他已经做到了这一点，他的歌声早已经漂洋过海，他的艺术成就被撰录在《世界知名艺术家辞典》一书中。在该文采访即将结束时，奇老师仍然在民歌的海洋中，继续尽情放歌，祝他在漫瀚调民歌艺术之路上，走出更宽更广的新天地，驰骋无疆！

准格尔民间饮食

李月琴

煤海明珠准格尔，在古老深厚的民族文化浸润下，在庄严悠长的祭祀文化影响下，其饮食文化融合了多元的民族风情和隆重的仪式感。准格尔蒙古族的饮食汇聚了草原丝路的传奇风味，准格尔蒙汉团结浓缩了温暖人生的家常美味，准格尔美味留住了难以割舍的乡愁记忆。无可复制的地域风情，独一无二的味道，准格尔的美味传递着这座民族风情城市、最佳生态旅游城市、工业化新城的温暖情怀！

蒙古族婚礼宴——羊背子

羊背子，蒙古语称"乌查宴"，又称"舒斯"，也即全羊宴。作为国家级非物质文化遗产的鄂尔多斯婚礼中有献羊祝酒环节，就是男方向女方献羊背子。献羊背子仪式包含献羊背、献奶食、敬天地、唱全羊赞、给重要人物献羊头、卸羊背、共享全羊席、吸羊尾巴、敬酒等流程。羊背子，一般选用鄂尔多斯土种大尾巴蒙古绵羊或鄂尔多斯细毛绵羊制作，脂香浓郁，鲜嫩软烂，丰腴醇厚。全羊宴的场面宏大，热闹非凡，体现了浓郁的鄂尔多斯风情与蒙古族敬畏自然的饮食习俗和独特的待客之道。"乌查宴"传承了蒙古族传统烹饪技艺,汇聚了蒙古族饮食礼仪之精华,祝颂－祈福－剪彩－祭祀－分食,敬献礼节与歌、乐、祝诵等民俗融为一体,高贵华丽的仪式,营造出视觉、味觉、听觉交相辉映的盛宴,给宾朋带来的震撼已经超越食物本身,成为对蒙古族饮食文化的礼赞!

迎亲套茶

迎亲套茶一般由奶茶、酸奶、酥油、奶皮、达西玛、馓子、枣泥饼、空壳饼等构成。准格尔旗蒙古族迎亲套茶由白食和茶点组成,白食主要包括蒙古奶茶、酸奶、酥油、奶皮、达西玛等。其中最为特别的达西玛,是鄂尔多斯市独有的非遗传承美食,用断奶期精华乳脂发酵而成,生津解渴,补脾养胃,口感醇厚。迎亲套装的蒙古点心也别具特色,有皮薄馅厚、暄软香甜的枣泥饼;制作神奇、香脆酥甜的空壳饼;层叠弯曲、线条优美的羊油馓子。准格尔迎亲套茶作为鄂尔多斯蒙古族婚礼的重要组成部分,充分体现了食物中寄予人们企盼幸福和吉祥的祝福之意。

中华人民共和国成立以来,准格尔蒙古族迎亲套茶的内容更加丰富多彩,既吸收了晋陕汉族饮食文化的精华,又增添了内地甚至海外餐饮文化的精品。

六大碗

六大碗,即酥鸡、扒肉条、丸子、焖肉、清蒸羊、樱桃肉。原料使用跑坡羊,隔年猪,散养鸡,放心的乡村原野食材,传统的龙口蒸锅工艺,造就了准格尔旗独特的"六大碗"。外酥里嫩的酥鸡、色泽红亮的扒肉条、软糯油润的丸子、清香软烂的焖肉、肉质鲜嫩的清蒸羊、酸甜可口的樱桃肉,曾经是年席中最令人牵肠挂肚的美味。悠长的味道,醇厚的油脂,穿过长久的岁月依然萦绕于脑海,时时诱惑着你的味蕾。

排骨焖山药丸子

土豆被北方人亲切地称为"山药",山药丸子是准格尔人最喜欢的家常吃法。排骨焖山药丸子是将炒好的猪排骨与蒸好的山药丸子一起焖炖,山药丸子吸收了排骨的肉汁,软绵油润,味美浓香;排骨被山药丸子吸取了油脂,香而不腻,唇齿留香。荤素相互搭配,彼此交融,烩出肥美温暖的家常美味。

腌猪肉烩小白菜

经过腌制的猪肉就像经历过风雨的美酒,万千滋味尽在其中。将猪肉切成一寸见方的块炒熟炒透,待肉块呈焦红色时出锅冷却,在缸内将肉铺平后灌油储藏。这种腌猪肉通常能储存到来年秋冬季节。出缸后,与小白菜和土豆烩熟,腌猪肉咸香浓郁,小白菜清香翠绿,在熟烂土豆的包裹下相得益彰,软糯醇香,是准格尔人最日常佐餐的下饭菜。

知名小吃

准格尔小吃美不胜收,有诸如巧手花馍、豌豆豆面、驴肉碗砣、黄米糕圈、小米凉粉、糜米酸粥等饮食。

巧手花馍:准格尔主妇用纯朴的民间绘画和巧妙的造型技艺,将普通的面团变成了五彩斑斓、形神兼备、造型美观、做工细腻、色彩绚丽、花样百出的巧手花馍。作为民间祝寿、结婚宴席仪式上的必备面点,巧手花馍是准格尔人最喜庆的乡愁。

豌豆豆面:做豆面一定要手工操作,豆面才能散而不筋,当面团被擀得像纸一样薄时,便是最佳手艺的体现。煮好的豆面加上土豆丁和肉丁熬煮好的臊子,香气四溢,清新爽口。面中添加具有特殊香味的沙蒿籽,别有一番风味,是准格尔人最朴素的乡愁。

驴肉碗砣:用洗好的荞面在碗里蒸制而成,食时以刀切成条,浇上蒜醋调味,配以驴肉、热豆腐,质地细腻,柔软爽口,是准格尔人最难舍的乡愁。

黄米糕圈:用黄糯米和少量糜米面做成,曾是准格尔人逢年过节必备的传统美食。黄米糕圈色泽金黄,甜香软糯,是独具准格尔旗特色的"甜甜圈",是当地及周边人最甜蜜的乡愁。

小米凉粉:是准格尔一年四季颇受欢迎的民间风味小吃。最正宗的当属长滩马栅纳林小米凉粉,在高粱秆盖帘上摊晾,用胡麻油炝蒙蒙调制的秘制汤底和辅料凉拌蘸食。小米凉粉清凉可口、消暑下火、筋道嫩滑,是准格尔人最清爽的乡愁。

糜米酸粥:准格尔旗盛产糜子,糜子去皮后,裸露出糜米,糜米浆酿酸后,金黄透明,酸甜爽口,清香味浓。在炎热的夏季,当农人们劳作了一天后,一碗糜米酸粥下肚,浑身清凉爽快,百吃不厌。一碗酸粥,一碟咸菜,是准格尔人最平凡的乡愁。

创新奋斗书写华章

翟 媛

70年风雨兼程,70年波澜壮阔,70年春风化雨,70年真情为民。准格尔旗70年的发展史,就是一部坚持以人民为中心的发展史,也是一部开发资源发展工业的创业史。70年来,准格尔旗党政班子不忘初心、牢记使命,团结带领全旗各族人民战胜了一个又一个艰难险阻,创造了一个又一个被载入史册的奇迹。准格尔人从沉寂中奋起,于一穷二白中奋进。置身于波澜壮阔的伟大征程,准格尔各族儿女用自己的拼搏奋斗,彻底改变了家乡贫穷落后的面貌,汇聚于共和国奔腾向前的历史潮流。70年来,勤劳进取的准格尔各族人民攻坚克难、奋发前行,从国家级贫困县一路迈进全国百强县、全国文明县城、全国卫生县城、全国园林县城、全国民族团结进步模范集体、全国水土保持生态文明旗、全国科技进步先进旗。如今的准格尔,经济飞速发展,社会和谐稳定,人民安居乐业,城乡面貌日新月异,各项事业蒸蒸日上。70年来,准格尔经济重心从以农业为主向以新型工业化为主转变,工业经济从"五小基础工业"发展到"四大产业集群"。经济发展实现历史性跨越,城乡面貌发生翻天覆地的变化,各项事业持续发展,人民生活显著改善,党的基层建设不断加强,安定团结的民族和谐局面不断巩固。发展成就有目共睹,人民群众感同身受。70年来,不管内外形势如何变化,准格尔旗始终坚持党的领导,坚决维护党中央权威和集中统一领导,自觉在思想上、政治上、行动上同党中央保持高度一致;始终坚持以经济建设为中心,紧紧扭住发展这一第一要务不放松,抢抓机遇,发挥优势,走出了一条资源型地区转型发展的新路子;始终坚持改革创新,勇于解放思想、先行先试,在改革创新中不断增强发展的活力和动力;始终坚持以人民为中心的发展思想,把人民对美好生活的向往作为我们的奋斗目标,不忘初心、践行宗旨,全力办好民生实事;始终坚持绿色发展,坚决守住生态文明底线,坚定不移走生产发展、生活富裕、生态良好的文明发展道路。

70年来,准格尔旗在工业化的道路上不断地探索,产业从小到大、从弱到强、从点到群,一次次起跳,一次次蜕变,浴火重生,实现了从贫弱单薄到龙头高昂、集群前行的震撼飞跃。中华人民共和国成立之初,准格尔旗工业经济可谓是一片空白。从资源存储看,准格尔旗发展工业具有得天独厚的资源优势。改革开放以来,随着准格尔煤田、国华准格尔电厂等国家重点项目的开发,本旗的资源优势向经济优势转变迈出实质性步伐。准格尔旗丰富的自然资源和劳动力生产要素迅速转化为现实生产力,拉动了地区经济持续快速发展,完成了从传统农牧业经济为主向输出一、二次能源为主的工业经济转变。在资源优势转化为经济优势的同时,准格尔旗高层次定位发展目标,多举措转变发展方式,积极推进工业经济结构调整,形成了煤炭、煤化工、煤电铝、陶瓷"四大产业集群"工业格局。世纪之交,随着准格尔经济开发区和大路煤化工基地这两大工业园区的相继建设运行,准格尔旗把"工业化"作为战略任务写进了"十五"规划,并开始试水新型工业化道路。2005年,全旗来自工业方面的税收占财政总收入的82.6%,工业成为准格尔旗财政收入的主要支撑。在第五届全国县域经济基本竞争力普查中,准格尔旗首次进入全国百强县行列,位居第89位,在西部百强县的位次提升至第3位。这一时期的发展局面被外界称为"准格尔现象""准格尔模式",成了准格尔经济发展的黄金时期。虽然成绩令人瞩目,但产业结构单一、产业发展对资源依赖高、经济布局不合理等问题和矛盾日益突出,转型成为准格尔旗工业化进程中迫切需要解决的难题。进入"十一五",准格尔旗按照"五个统筹"和"集中发展"的要求,加快推进循环经济发展,切实转变经济增长方式,坚持工业立旗,打造国家新型能源重化工基地。这期间,产业延伸、产业多元化、产业升级有了突破性进展,资源深度加工转化能力不断提高,大路煤化工基地成为自治区重点工业园区之一,全旗煤化工产能达到216万吨,非煤产业迅速发展,累计关停高耗能、高污染企业202家,建成污水处理厂3个。党的十八大以来,准格尔旗以打造国家绿色能源和新型煤化工基地为目标,加快推进产业结构转型升级。立足于资源优势,依托煤,转化煤,延伸煤,超越煤,构筑煤炭、煤化工、煤电铝、陶瓷"四大产业集群",转型步伐更加坚实。在大路煤化工基地,这里涌动的发展热潮让人精神振奋。久泰、伊泰、伊东东华能源、易高煤化科技等重点企业与园区同呼吸共命运,重点生产及研发科技含量高、附加值高的新材料产品,努力推动当地煤化工产业迈向中高端。现在的大路煤化工基地,已经形成了以煤制油、煤制气、煤制甲醇、煤制二甲醚、煤制烯烃、煤制乙二醇等煤化工及下游精细化工产业和煤电铝循环产业为核心的现代工业发展格局。承载着准格尔旗工业经济转型重任的准格尔经济开发区也成绩斐然。2010年9月29日,位于准格尔经济开发区的国礼陶瓷项目一期工程300万件生产线投产运行,不仅填补了自治区生产高档瓷空白,也成为准格尔旗非煤产业形成现实生产力的开篇之作。准格尔经济开发区根据产业基础、资源条件和区位优势,重点发展以陶瓷、煅烧高岭土等为主的非煤产业板块、煤炭加工循环利用产业板块和中小企业产业板块。2018年,准格尔旗实现工业增加值449.42亿元,规模以上工业平稳运行,全年累计完成工业总产值879.27亿元。煤炭行业全年累计实现工业产值601.73亿元,煤化工行业实现产值92.77亿元,增长7.8%。在2018年11月21日发布的《中国工业百强县(市)、百强区发展报告(2018年)》中,准格尔旗位列第14位。遵循着"十三五"规划,准格尔旗继续在提升经济发展质量和效益上下功夫,着力打造县域经济升级。主动顺应能源发展新形势,以创新性举措发挥煤炭资源优势,坚定不移地推进煤炭、现代煤化工、煤电铝、陶瓷"四大产业集群"建设,将准格尔旗打造成为国家级和自治区级清洁能源保障基地、资源综合利用示范基地,走出了一条资源型地区创新发展的新路子。到2020年,形成资源型产业、非资源型产业、现代服务业、现代农牧业产业协调发展新格局,煤炭就地转化率达40%左右,新兴产业增加值占地区生产总值的比重达到30%以上。70年艰苦创业,70年春华秋实。今天的准格尔旗,以创新、协调、绿色、开放、共享发展理念为引领,以提高发展质量和效益为中心,主动适应新常态,厚植发展新优势,全力推进经济结构战略性调整和产业转型升级,以资源型地区创新发展为中华人民共和国成立70周年献礼。

　　70年前的准格尔旗农牧区,像一幅沉重的黑白照片。黄沙漫天、房屋稀少,缺水、没电、没路,农民挣扎在温饱线上,贫穷和落后是这里的全部。如今,整片翠绿盖在阡陌田间,整洁优美的乡村大道从中延伸出来,崭新的房屋和整洁的小院诉说着温馨宁静的新生活,鸡鸣狗叫,炊烟袅袅,一幅恬淡清新的新农村画卷跃然眼前。回首准格尔旗农业农村的发展历程,有几个关键的时间节点不得不提。一是1980年全旗全面推行家庭联产承包责任制,大大激发了农村生产活力。二是2007年准格尔旗按照"三区"划分要求,突出建设沿河现代农牧业,现代农牧业由此破题。三是2012年,准格尔旗率先实施以农村危房改造为主要内容的新农村建设。农村的改变,不再是各家各户产生的细微变化,有规划、有目标的农村基础设施建设和公共服务水平的提升为农村面貌的彻底改善奠定了基础。四是2014年准格尔旗按照"因地制宜、突出特色、政府引导、群众自愿"的总体思路,大力实施危房改造、安全饮水、街巷硬化等工程。截至2016年,实现危房改造2.7万户;安全饮水工程254处,受益6.38万人;街巷硬化和通村道路建设2059千米。经过努力,全旗159个嘎查村、1488个自然村的美丽乡村建设任务全部完成,农村的基础设施得到全面改善和提升。各村庄在基础设施、公共服务布局方面,尊重历史、自然、民族文化背景,实现了村村有特色、村村有美景。柴草乱堆、垃圾乱放,院里乱糟糟、棚圈臭烘烘,这是过去农村面貌的真实写照。随着美丽乡村建设的进一步推进,窗明几净的新房子,硬化整齐的新院子让农牧民意识到,他们也可以像城里人一样,干干净净、整整齐齐。准格尔旗将改善农村环境作为着力点,大力开展农村环境卫生整治和乡风文明行动,拆除废弃房屋和断壁残垣、清理"五堆"(柴堆、草堆、粪堆、土石堆、垃圾堆),新建、改建厕所,建设污水处理厂和垃圾填埋场等,推动实现城乡环卫一体化,对农户房前屋后实行包卫生、包绿化、包畅通的"三包"政策,形成常态化的环卫保洁模式。并实行"户清扫(分类)、村收集、乡运输、旗处理"的模式,保证公共区域、街巷、小广场等实现全员承包。与此同时,准格尔旗在提高农民环境意识上下功夫,在各村开展卫生红黑榜、环境卫生标兵户等评选活动,通过志愿服务、制度约束和先进带动,在村里营造家家爱护环境的氛围。随着农村基础设施的进一步建设,农村村容村貌得到改善,准旗通过重点发展沿河观光旅游、特色种植养殖、农家休闲旅游、矿产资源运输服务等,积极探索创新农村集体经济运行机制。在大路镇小滩子村,鱼馆、农家乐随处可见,每逢周末和节假日,不少城里家庭扶老携幼来到这里,吃点儿农村土生土长的食材,呼吸一下充满泥土气息的新鲜空气,来个短暂的休闲游,轻松又惬意。对于在这里开鱼馆20年的胡彩云来说,这份享受就是她发家致富的法宝。以乡村旅游为抓手,准格尔旗围绕集体资源优势和地理条件,建设适合自身发展的日光温室、林果基地、养殖园区,组建劳务合作社、绿化公司、投资入股、购置资产等多种形式,增加集体经济收入。随着现代农牧业、农村特色产业的进一步发展,大量的农民从土地中解放出来,一改过去面朝黄土背朝天的生活模式,实现了更少的劳作、更多的收入。1957年,全旗农牧民人均储蓄额8.05元,2018年全旗农牧民年人均纯收入达到8247元,收入高了,生活好了,心情美了。走进准格尔乡村阡陌,社会主义核心价值观、讲文明树新风等宣传内容随处可见,以村规民约、文明家风等为内容的小品小戏、歌曲快板在老百姓之间传唱,文明乡风真正进村、进院、进户、进头脑。同时,在农村树立典型,用身边人、身边事教育引导广大农民。近5年,全旗共评选出全市百佳"十星级文明户"18户、旗级"十星级文明户"25户,村镇级"十星级文明户"800余户,市、自治区百佳"十星级文明户"2户。完善"一约四会",提倡新风气。目前,全旗159个嘎查村全部成立了"四会"组织,并针对大操大办、铺张浪费、薄养厚葬等陈规陋习,广泛开展乡风评议活动,推动形成勤俭节约、俭办婚丧的新习俗。累计新建、改建新风尚宴会厅13个,开展乡风评议活动129场次,嘎查村党员干部签订移风易俗承诺1278份。如今的新农村,"上墙当先进"成了人人向往的事情,见贤思齐、崇德向善蔚然成风。截至2019年,全旗10个苏木乡镇、4个街道的159个嘎查村中,有国家级文明村镇2个,自治区级文明村镇11个,市级文明村镇30个,旗级文明村镇66个,50%以上的村镇建成旗级以上文明村镇,美丽乡村建设内涵不断丰富。

中华人民共和国成立70年来,准格尔旗每逢历史的关键节点,每一次跨越、每一个转折都依赖于党的引领。1950年11月6日,中共准格尔旗委员会成立,下设组织部。从此刻起,准格尔旗始终在政治立场、政治方向、政治原则、政治道路上同中央、自治区党委、市委保持高度一致,始终保持着党的先进性,保持着党对地区经济工作的引导。从深入开展真理标准的讨论,到加强党的建设,再到坚决地把工作重点转移到四化建设上来,党委的决策紧随着中央的步伐,为全旗每一个阶段的发展指明了方向。从巩固和发展农业生产,实行联产承包责任制;到开发建设准格尔煤田,调整经济发展战略;再到经济体制改革,国有企业改制、园区建设起步、社会事业得到长足发展;准格尔旗实现了由农业旗到工业旗、从国家贫困旗县到全国百强旗县的历史性跨越。准格尔旗的党建工作,也以解放思想为突破口:整党工作、社会主义思想教育、"三讲"教育、"三个代表"重要思想学习教育、保持共产党员先进性教育、深入学习实践科学发展观、创先争优、党的群众路线教育实践、"三严三实"专题教育……在实事求是、与时俱进中,党建工作始终紧密结合地区发展和时代要求,用创新的理论成果推动改革发展,推动政策落地。事业兴衰,核心在党,关键在人。一支高素质、有信念、讲奉献的党员干部队伍,是准格尔旗多年科学研判、稳步前进的根本保证。一直以来,准格尔旗以建设高素质干部队伍为目标,整合培训资源,全面提升干部素质。截至 2017 年底,共组织举办各类主题培训班 93 期,累计培训科级干部 71400 余人次。采用竞争上岗、双推双票决、公推直选等方式选拔任用领导干部,建立领导干部能上能下、防止干部"带病提拔"、激励干部改革创新干事创业的容错纠错机制,提高了干部选拔任用科学化水平。1950 年,全旗共有党员 801 名,58 个党支部。到 2018 年,全旗共有党员 16138 名,党的基层组织有 774 个。70 年来,准格尔旗始终把基层党建工作作为强基固本之源,无论是党员数量还是党员素质,都呈现出持续上升的趋势,各级党组织告别软弱涣散,成为铁板一块。进入新世纪,准格尔旗先后 4 批选聘、择优选拔 355 名大学生村官到村任职,为农村补充了新鲜血液。对村级活动场所新建、改造,全旗 159 个嘎查村活动场所面积全部达到 200 平方米以上,村级活动场所建设水平和利用率显著提升。在基层党组织战斗力提升后,准格尔旗创造性实施大党建战略。在农村,实施"一河三川"基层党建工程,在59个村党支部分别成立4个联合党委,通过组织联建、活动联谊、产业联动、资金联筹、利益联享,辐射带动周边100个嘎查村基层组织建设,带动村民致富增收。在社区,推行街道"大工委"、社区"大党委"和小区"党小组"建设,推行社区"执行书记"工作机制,扭转以往社区党建"单打独斗"的困局,打开城市基层党建齐抓共管新格局。在机关,组建5个联合党委,推进机关党建区域一体化建设。连续10年共选派旗乡1.5万人次,机关党员干部驻村开展工作,实现驻村干部、"第一书记"派驻全覆盖,累计实施3100余个增收项目,全旗累计受益群众6.38万人。无论是热火朝天的建设时代,还是激情奔涌的改革开放时代,或是砥砺奋进的现代化建设新时期,准格尔旗始终高度重视作风建设。2014年以来,准格尔旗坚持对症施治,将推动各类教育实践活动作为推进作风建设的重要抓手,抓紧抓实。党的群众路线教育实践活动共梳理出旗级层面问题699条,全部得到妥善解决。"三严三实"专题教育期间,共查摆出665条"不严不实"具体表现,2016年底前全部完成整改,完成率达到100%。机关的作风变了,窗口的服务态度变了,驻村干部的工作方式变了,越来越多发生在群众身边的变化,让人们感受到教育实践活动带来的新气象。党的十八大以来,准格尔旗扎实推进"从严治党、依规治党"的要求,认真落实党风廉政建设,体现了坚定不移全面从严治党、持之以恒、正风肃纪的鲜明态度和坚定决心。2018年,全旗67人受到党纪政务处分,42人被执行组织处理,作风建设成果更加巩固;精打执纪监督和审查调查工作"组合拳",全年立案180件,给予党纪政务处分157人,立案数和自办案件数位居全市旗区第一;评选出首批清风干部548人,基层政治生态明显好转。全面从严治党的生动实践,进一步强化了党的领导核心作用,使之成为各项事业的根本保障。剑指作风之弊、行为之垢,为全旗高质量发展营造了风清气正的政治生态。这是70年最根本的法制保障。

几番风雨上征程，放眼前程满眼春。展开准格尔旗70年发展的画卷，呈现出的是一幅幅全旗各族干部群众凝心聚力促发展的恢宏画面。这画卷，诉说着党旗引领发展的主线，彰显着共产党员忠诚担当敢作为的优良品质，奏响了党的建设和组织工作与经济社会发展相辅相成的时代乐章，让党旗在不断的发展、变化、革新中愈加鲜艳，党的引领成为推动改革实现发展的不竭动力。

准格尔旗赋

武学敏

北国气象，朔漠茫茫。沟壑粲然，丘陵沧桑。黄河蜿蜒，煤海莽莽。枕阴山河套平原呈虎踞，傍鄂尔多斯高原形龙盘。鸡鸣三省区，惊羡蒙晋陕。

上溯五千年，先民于斯地繁衍。史前猃狁、林胡、楼烦等部落游牧渔猎；秦汉时设郡县有沙南、广衍，南单于庭置于美稷；魏晋南北朝归魏夏州属地；隋唐乃胜州榆林卫地；清顺治六年建鄂尔多斯左翼前旗。清末曰准格尔旗。横槊叱咤，恒河星汉；数千年史，换了人间。

准格尔物华天宝，地灵人杰。风云变幻，波澜壮阔历史事件纷至沓来，轮番上演；叱咤风云，纵横捭阖历史人物此起彼伏，旗偃鼓喧。铸就洋洋大观文化长廊流动之雕塑，绵延不绝。康熙巡游曾盛赞旗民"人皆有礼貌"；《宝鬘》书写民族恢宏经典。扎那嘎尔迪执政五十年，毁誉褒贬互见。开放边禁丹丕勒抗垦，瀚漠燃烽烟。晋陕蒙交界通衢，蒙汉民族团结，相携互勉，改地换天。岁月沧桑行走壮怀激烈，光阴荏苒书写壮丽诗篇。沙圪堵民国初年即商贾云集，实走西口驿站；五大集镇铺面千间，乃旅蒙商胜券。同仁学校开创西蒙教育新学先河，栋梁继踵遍布漠南广袤草原。自南湖红舫驶罢数年，该地已现中共地下党员。兵家逐鹿必争，社会贤达魂牵。沟壑梁峁,令无数志士燃烧热血;大漠河谷,教几多仁人气宇轩昂。准格尔召、新召、大营盘王府、杨家湾国公府富丽堂皇,须仰视才见;太子滩、双山梁、阿贵庙、喇嘛洞浑然天成,缭绕历史云烟。黄河大峡谷峰回路转、鬼斧神工、气象万千;千年油松王枝繁叶茂、一枝独秀、问鼎苍天。妖精太太与唐公喇嘛爱情故事广为流传,乃准格尔梁祝千古绝唱,缱绻缠绵;准格尔饮食文化博采众长、色形味佳、饕餮不厌。准格尔人纯朴、厚道、好客,盛纳芸芸外域众生视异乡为家园。纷至沓来,忘返流连;安身立命,建功创业。

漫瀚调者,准格尔之旗粹也,华夏独有;缘于情、感而发、歌犹话、话入画,斯调乃蒙汉民族团结奇葩,激越千秋。列入国家级非物质文化遗产名录,旗民男女老幼时亮歌喉。漫漫瀚瀚揽天籁之声;汩汩涓涓融真情流露。一曲多词睹之闻之思之即兴演唱;一词多曲天上地下民情信手上口。准格尔手工地毯遐迩闻名、历史悠久;巧夺天工、仿古似古;造旧如旧、美不胜收。高原杏仁露、海红果酒,实绿色饮品珍馐;精益求精,商家消费者赞不绝口。

20世纪末,旗政府驻地搬迁。弹指20年,准格尔跃马扬鞭。工业从小到大,财力由弱变强,今非昔比,改地换天。万年宝藏不再沉睡酣眠;煤海乌金崛起滚滚财源。跻身全国百强县,跃居西部百强二甲前。十桥飞架黄河悬彩虹;路网纵横大地舞曼练。高岭土纳米级蓄势待发;国礼瓷荟精品声名播远;煤转化深加工政企攻坚;开发区工业园魅力无限。工业反哺农业举措力度空前;城镇吸纳农民转移百姓欢颜。民生民心工程祥光普照,首创多个自治区率先;历届党政领导励精图治,恪守以人为本执政理念。抚恤鳏寡孤残颐养天年;尊重弱势群体人格尊严。义务教育一补四免;全民参加医社保险。改革发展成果福祉全体人民,温暖幸福万家心田;统筹兼顾利益共享四方八面,构筑社会安定和谐。

强旗富民准格尔

70年天翻地覆嬗变巨,七千余平方千米山河逶迤画卷长。双山梁、敖包梁、大圐圙梁峁梁吐玉,犇牛川、纳林川、塔哈拉川山川飘香。曾几何时,黄沙漫漫无山不秃有水皆浑,存历史写照;喜看今朝,芳草萋萋无山不绿有水皆清,换大地盛妆。禁牧、退耕还林,植被恢复千顷碧波映壑梁;移民、三区划分,生态改善一脉青山吐芬芳。至若夏秋之际,俯瞰山峦,燕雀呢喃、山泉叮咚,充满诗情画意;仰视穹宇,树冠叠翠,果实累累,处处鸟语花香。长天共沃野缤纷霁色;曦日与田畴溢彩流光。若夫冬春之交,周天寒彻,七沟八梁,罡风浩荡;但见天高地迥,哈气成霜,素裹银装。归去饮烈酒,千杯竞豪爽。

美哉准格尔!经济开发区百年老镇,继往开来,焕发生机;政府驻地煤海明珠,魅力四射,熠熠生辉;大路新区横空出世,潜力无限,蜚声崛起。中心镇、工业镇、农业乡,科学定位,扬长避短,十全十美;薛家湾、大路、沙圪堵、四个街道办事处,合理布局,七星高照,各显神威。城乡统筹,遵循规律;三化互动,顺应民意。走特色化之路,兴大手笔之举。社会事业做大做强,千帆竞发,破浪弄潮,比肩涌劲旅;经济发展又好又快,异军突起,比学赶超,争相竞崛起。资源富集,恒念物尽其用,运筹帷幄,捷足先登,寻求产业换代升级;能源宝地,常思科学发展,决胜千里,敢为人先创造奇迹。创建国家园林城市,入选全国文明城市,进入中国工业百强县行列,荣登全国幸福百县榜……旗民幸福指数与日俱增;民生关注利益稳步提升。前有标兵,后有追兵。方略既定,上下合力,一鼓作气干下去;山外有山,楼外有楼。目标锁定,勠力同心,一张蓝图绘到底。

壮哉准格尔!拥九曲黄河接呼包,襟鄂尔多斯高原连晋陕。占天时地利之庇佑,得政通人和之润甘。日月经天,星移斗转;江河纬地,薪火相传。准格尔人民勤劳智慧,壮志正酣;漫瀚调故乡土乐缥湘,宏图大展。提升幸福指数;构建和谐典范。舒山川美轮美奂之气象;展大地钟灵毓秀之景观。大气磅礴犹千年油松,遒劲难被雨打风吹去;大爱驰荡似滚滚黄河,壮怀总随云飞浪涌来。百业勃兴,稳操胜算。让世人称奇羡慕,令旗民俊彦载欢。

准格尔有容乃大,海纳百川。正擎举如椽大笔,描绘锦绣河山。

后记

2019年是中华人民共和国成立70周年。为了全面梳理准格尔旗70年建设探索、改革开放、走进新时代的历程，翔实记录、深入研究准格尔山川大地上的各族劳动人民丰富多彩的生产生活故事，特别是总结党的十八大以来全面建设小康社会、全面深化改革、全面依法治国和全面从严治党的做法、经验和启示，对准格尔旗70年的实践进行总结、提炼与升华，为新时代全面建成全国县域富强、民主、文明、和谐、美丽的现代化旗县提供借鉴，准格尔旗领导指示准格尔旗党校，委托鄂尔多斯学研究会编辑出版《鄂尔多斯风采——强旗富民准格尔》一书。用本土变迁滋养本土人，用身边事例鼓舞身边人，为"不忘初心、牢记使命"主题教育提供鲜活的准格尔教材。

本书由鄂尔多斯学研究会专家委员会主任奇海林教授、常务副会长兼秘书长杨勇研究员提出写作思路，由准格尔旗政协主席王源、旗委副书记鲁占清共同讨论、设计、确定写作大纲，杨凤林、杨玉铭、王建中、韩来福、韩瑞君、李月琴、翟媛等全程参与研究及撰稿工作，武学敏提供了《准格尔旗赋》，杨玉铭、王建中、甄自明、王春霞等提供了照片。初稿形成后，编委会委托鄂尔多斯学研究会聘请奇·朝鲁、陈育宁、雷·额尔德

后记

尼、汤晓芳、蔡长青、文风、陶格涛夫、苏永清、翟媛、乌宁夫、高海胜、王春霞、龚萨日娜、包海山等多位专家学者参与审稿讨论与定稿。

在《鄂尔多斯风采——强旗富民准格尔》编纂出版过程中,得到准格尔旗委、旗政府、旗人大、旗政协领导的党校高度重视和全力支持。在出版印刷期间,得到学苑出版社的协助,在此一并致以感谢。

由于时间较紧、任务较重,本书的理论高度有待进一步深入研究和完善,不足之处,请读者提出批评意见。

编　者
2019年11月11日

作者介绍

杨凤林，蒙古族，1967年出生于准格尔旗。大学本科，中共党员。曾为中学高级教师，现任鄂尔多斯市中共准格尔旗委员会党校常务副校长、党支部书记。

1985年毕业于伊克昭盟师范学校，一直从事中小学教育，担任过12年中小学校长（即准格尔旗蒙古族学校校长）；2007年12月任准旗教育局副局长、党组成员；2011年任准旗卫生局党委书记、副局长；2017年7月至今，任中共准格尔旗委员会党校常务副校长、党支部书记。

曾被评为内蒙古自治区精神文明先进个人，市级优秀教师、优秀校长、优秀党务工作者、民族团结先进工作者，多次荣获旗级优秀校长、民族团结先进个人称号。曾在《内蒙古统战》、内蒙古教育研究会，以及市、旗教研活动中发表过多篇论文。

曾任准格尔旗政治协商会议第十一届委员会委员，现任中共准格尔旗第十五届委员会代表。

作者介绍

杨玉铭,汉族,1966年出生于准格尔旗纳林。中共党员。1991年6月毕业于内蒙古师范大学函授学院中文系,现任准格尔旗史志编纂委员会办公室主任,系内蒙古作家协会会员。

著有:《西部热土准格尔》《准格尔旗旧志稿》《红色准格尔》《中国共产党准格尔旗历次代表大会文献选编》《准格尔人物志》等,曾获"伊克昭盟首届新闻奖""全盟好新闻奖二等奖"、自治区"防范处理邪教工作先进个人"、自治区"党史系统先进个人",作品多次荣获国家级、自治区级、市级、旗级奖项多次。

王建中,内蒙古准格尔旗人。作家、摄影家。著有《山河谣》《第三十七计》《往米年》等长中短篇小说等。作品被《小说选刊》《小说月报》《新华文摘》等转载,并入选数种期刊年度选本及新时期优秀作品选等。摄影作品集有《黄河三峡》《莲花讪》《中国有个准格尔》等数种。影视作品有《遍地清泉》《舂米的女人》《天下黄河》等。历史文化著作有《漫瀚文化论》《漫瀚长歌》《最后一个汉奸》等数种。主编《准格尔文史》《准格尔典藏》《漫瀚岁月》《漫瀚长风》等千余万字。曾获"鄂尔多斯十大优秀青年"称号,索龙嘎文学奖、南方文艺作品奖、河南优秀图书奖、草原文学奖、鄂尔多斯文学奖、内蒙古年度优秀摄影师奖、平遥国际摄影展优秀摄影师奖等。现供职于政协准格尔旗委员会。

韩来福,字进才,蒙古族,笔名全果斌、陈云清、全忠义,1966年10月5日出生于准格尔旗。大学文化,中共党员。现居准格尔旗薛家湾镇兴隆街道办事处中心社区。

现担任准格尔旗政协常委、旗政协文献研究室主任。主编出版《准格尔民俗》《蒙南烽火》《蒙南革命史》。

在31年的内蒙古地区史和鄂尔多斯历史、准格尔旗文史编辑研究工作中,总计纂写各类文史资料超过500万字,征集内蒙古地区文史和地方志文献资料共约1000万字。个人作品集有《飞翔的诗章》《走出迷魂湾》《俄罗斯还账记》《追寻恩格贝》《终于走上正路》《炼狱巨苦构金刚》《民间电商平台圈钱骗局》《泗水县国通电讯和蓝天格锐公司的罪恶》《挺进阿富汗》《回望石库门》《趟过生死大河》等书,共200余万字。

1999年至2001年,被中共伊克昭盟盟委党史办评为"全盟党史系统先进工作者"。2000年,被伊克昭盟地方志办公室评为"全盟先进地方志工作者"。2003年,被内蒙古自治区人民政府办公厅、内蒙古自治区地方志编纂委员会、内蒙古自治区人事厅评为"内蒙古自治区编修地方志工作先进个人",荣立三等功一次。2006年,受到中共中央党史研究室颁发的参加地方党史研究工作20年荣誉表彰,2008年,被中共准格尔旗党委评为"全旗优秀共产党员"。2011年6月,被中共鄂尔多斯市委党史研究室评为"全市革命遗址普查先进个人";2016年2月,提案《关于解决十二连城地区供电不足问题的建议》被政协准格尔旗委员会评为"2015年度优秀政协委员提案"。

作者介绍

韩瑞君,汉族,1974年11月出生于山西河曲。大学学历,中共党员。2006年6月起任准旗党校副校长,2009年12月取得高级讲师职称。

在党校工作24年来,勤奋敬业,不断提高业务水平,教学科研成果显著,多次荣获党校系统"优秀教师""教学能手"等称号。2011年7月,在"庆祝建党90周年——全市党校系统教学能手竞赛"中,荣获二等奖。2016年荣获"全旗学习型党员干部"称号。此外,多次被旗委有关部门评为全旗"先进工作者""优秀党务工作者""优秀党员",年度考核多次被评为优秀。

李月琴,1974年出生于准格尔旗。研究生学历,中共党员。鄂尔多斯市委党校经济管理教研部主任,经济学副教授,市人大财经委专家组成员,伊金霍洛旗人大财经委专委会成员,国家二级心理咨询师,中国健康管理协会公职人员心理健康管理分会理事,内蒙古心理咨询师协会会员,内蒙古鸿博心理科学研究院特聘研究员,中国心理学会FLES高级心理讲师。

研究方向为应用经济学、心理学、媒体沟通等。曾在不同级别刊物发表论文40多篇,参与编写了多部著作,如《新常态下的鄂尔多斯》《转型发展的鄂尔多斯》《鄂尔多斯工业转型研究》《防治荒漠化中的绿色鄂尔多斯》《2017北京高端服务业发展报告(中国社会科学出版社)》《中国智慧——库布其沙漠治理模式》《回眸鄂尔多斯(2011年至2018年)》等。主持、参与自治区级课题

7项。其中主持的2012年度自治区级课题《鄂尔多斯市资源型产业转型升级研究》被课题鉴定组评为二等奖；主持的2013年度自治区级课题《鄂尔多斯建成现代煤化工示范基地的思路与政策选择》被课题鉴定组评为一等奖。撰写的论文多次荣获自治区级、市级优秀成果奖。

2009年至2013年连续5年获校级年度优秀教师三等奖，2012年获全市优秀教学能手比赛一等奖，2014年、2015年获校级年度优秀教师二等奖，2017年获呼包鄂党校系统教学能手比赛第三名，2011年至2013年获校级优秀科研工作者三等奖，2019年荣获建校70周年"优秀教师""优秀共产党员"称号。

翟媛，1983年2月28日出生于陕西西安。西北大学文博学院历史学基地班历史学硕士，南开大学马克思主义学院博士研究生，中共鄂尔多斯市委党校副教授。工作期间，出版学术专著一本，参与编撰书籍8本，主持课题项目4项。多次荣获鄂尔多斯市委党校优秀教学能手。2011年论文《从传统文化中寻找创新社会管理之道》荣获全市党校系统社会管理及其创新的鄂尔多斯论文研讨会一等奖；2017年论文《中国共产党全面从严治党原因的解析》荣获内蒙古自治区加强党内法规制度建设理论研讨会二等奖；2018年《中国传统哲学思想中的生态智慧》荣获内蒙古界庆祝第十三届国际哲学节征文优秀奖。

作者介绍

武学敏，汉族，1957年2月出生于呼和浩特市。1975年12月参加工作，1986年3月加入中国共产党，2004年12月毕业于内蒙古自治区党校函授学院法律专业。高级讲师。

武学敏喜欢读书、写作，潜心研究准格尔历史文化，先后发表小说、散文、诗歌、论文、文史资料40余万字。他创作的叙事诗《妖精太太与唐公喇嘛》，发表于2004年的《鄂尔多斯日报》。小说《柠条梁轶事》发表于《山丹》文学月刊1992年第7~8期。散文《准格尔情愫》《漫瀚调赋》，分别发表于《鄂尔多斯文学》《鄂尔多斯日报》；散文《准格尔赋》，2009年8月3日在新华网首发，获准格尔旗庆祝中华人民共和国成立六十周年征文大赛一等奖。随笔《爱情婚姻观念的变革不能悖离道义》《贞操面面谈》，发表在《这一代》。论文《试论准格尔文化资源开发》获内蒙古自治区第八届哲学社会科学优秀成果政府奖三等奖；论文《漫瀚调艺术审美刍议》被收入《漫瀚调艺术研究》(内蒙古人民出版社2006年5月版)，2008年4月，获鄂尔多斯市第七届哲学社会科学优秀成果政府奖二等奖。主编专著《鄂尔多斯及周边旗县区经济社会发展研究》(内蒙古大学出版社2007年9月版)。

2007年10月，武学敏被评为准格尔旗第二批专业技术拔尖人才。